RAPPORT GÉNÉRAL

SUR

LES EXPOSITIONS

INDUSTRIELLE, SCIENTIFIQUE ET ARTISTIQUE

DE MONTPELLIER

POUR L'ANNÉE 1860

PAR M. PAUL GERVAIS

Doyen de la Faculté des Sciences, vice-président de la Commission d'histoire naturelle
délégué des Jurys

(Lu le 15 août, à la Distribution solennelle des Récompenses)

MONTPELLIER

GRAS, IMPRIMEUR-LIBRAIRE

1860

RAPPORT GÉNÉRAL

SUR LES EXPOSITIONS

INDUSTRIELLE, SCIENTIFIQUE ET ARTISTIQUE

DE MONTPELLIER

Pour l'année 1860

MONSIEUR LE PRÉFET, MONSIEUR LE MAIRE, MESSIEURS,

Les grandes Expositions sont aujourd'hui le plus puissant des moyens de vulgarisation dont le commerce, l'industrie et la science disposent, et cependant elles n'ont été imaginées qu'à la fin du dernier siècle.

Ce fut en 1798, après la campagne d'Italie, qu'un ministre français, qui a droit à la reconnaissance publique, résolut de fonder ce nouveau genre d'institutions.

La première Exposition industrielle eut lieu à Paris. Cent dix exposants seulement y prirent part pour toute la France, mais l'utilité de pareils concours n'en fut pas moins reconnue. Aussi quels succès ont obtenus depuis lors ces curieuses exhibitions, commencées si modestement par François de Neufchâteau. Toutes les grandes villes ont successivement voulu avoir les leurs, et en

France, indépendamment de celles qui intéressent tout le pays ou même le monde entier, comme nous l'avons vu en 1855, il s'en fait chaque année, dans l'un des chefs-lieux de département, pour chacune des circonscriptions agricoles.

Les Expositions de l'industrie, de l'histoire naturelle et des beaux-arts, qui viennent d'avoir lieu à Montpellier pour la région du Sud-Est, du 1er mai au 15 juillet, ont consacré un nouveau progrès dans cette voie aussi féconde en résultats avantageux que favorable à la propagation des lumières. 850 exposants environ y ont pris part; le nombre des articles importants ou séries d'articles qu'on y a admis dépasse 4,000, et l'on peut évaluer à 200,000 au moins le nombre des visiteurs de toutes classes qui s'y sont rendus.

M. le Préfet jugeait donc bien du résultat qu'on devait attendre des Expositions de Montpellier, lorsqu'en faisant l'inauguration du nouveau palais qui a été élevé à l'industrie dans notre ville, il y voyait « la démonstration que Paris et le Nord n'ont pas seuls le monopole de l'invention et du goût, et que les départements du Midi renferment aussi des hommes dont les travaux ont droit aux encouragements quand ils ne commandent pas l'admiration. »

Je serais effrayé, en ce qui me concerne, de la tâche périlleuse, mais en même temps si honorable, que les Jurys de l'Exposition m'ont confiée, de rendre publiquement un compte sommaire des résultats obtenus dans ce beau Concours et de faire ressortir le mérite des principaux articles exposés, si je n'avais pour me guider dans cette difficile appréciation les jugements exprimés par les Commissions elles-mêmes. Plusieurs des Jurys nommés par M. le Préfet se sont fait faire des rapports détaillés, et ces rapports m'ont été remis avec obligeance par leurs auteurs. Si j'y ai joint quelques remarques qui me sont personnelles, et si j'en ai modifié la forme ou varié la classification, mon but a été de donner plus d'unité au travail que je vais avoir l'honneur de vous soumettre; mais j'ai toujours cherché à m'éclairer de vos lumières.

En outre, je me suis inspiré d'un désir dont vous êtes tous pénétrés, celui de faire connaître aux personnes qui n'auraient pu visiter nos belles galeries les principales découvertes qu'elles ont rendues publiques, et particulièrement celles qui ont paru le plus utiles. Même circonscrit dans ces limites, mon travail aurait comporté, eu égard à l'abondance des sujets, des développements que cette solennité ne me permettait pas de lui donner. Je me bornerai donc à un résumé général et sommaire, et je m'estimerais heureux si vous retrouviez, dans les pages qui vont suivre, le reflet de vos propres impressions et l'écho des jugements que vous avez vous-mêmes prononcés après un examen approfondi. Vos décisions, d'ailleurs, n'ont-elles pas obtenu l'approbation de l'administrateur bienveillant et éclairé auquel ce département est confié?

La région qui a concouru cette année à Montpellier comprend les départements de l'Aude, des Bouches-du-Rhône, de la Corse, du Gard, de l'Hérault, des Pyrénées-Orientales, du Var et de Vaucluse. Elle est entrée, comme les autres régions de la France, dans la voie des progrès, hors de laquelle toute lutte avec la centralisation parisienne ou avec la concurrence étrangère deviendrait stérile ou même impossible. Notre Exposition industrielle pourrait au besoin vous en fournir la preuve. Espérons qu'elle sera aussi un nouvel argument en faveur de la liberté des échanges, si longtemps réclamée par ce département, et qui tend à devenir la règle des relations commerciales de nation à nation.

Comment rester indifférent aux avantages que l'industrie, le commerce et le bien-être des masses, qui en est une conséquence, pourront retirer de ces relations régulières et faciles établies entre les différents peuples, lorsqu'elles seront instituées sur des bases à la fois sages et durables? Ces avantages ne sont-ils pas une suite nécessaire de ceux que le système qui les réclame a déjà produits, en faisant jouir les parties les plus éloignées d'un même pays des différents produits de ce pays, et en établissant des relations régulières entre toutes ses provinces? Une nation qui ne saurait pas profiter des avantages que lui donnent la variété de ses conditions climatériques, les qualités multiples de son sol ainsi que les aptitudes diverses des populations qui la composent, manquerait de force et même d'unité. Celle qui ne suivrait pas les progrès accomplis par ses voisins ou qui se mettrait dans l'impossibilité d'établir avec eux ces échanges réciproques, autrefois si difficiles même entre provinces d'un même État, aujourd'hui indispensables, ne tarderait pas à décheoir du rang auquel ses propres ressources lui auraient d'abord permis de s'élever. Les besoins sociaux se sont accrus et les nations sont maintenant ce qu'étaient, aux siècles précédents, les diverses provinces réunies sous un même sceptre; elles sont solidaires les unes des autres dans la consommation comme dans la production. C'est la nature entière qui est mise à contribution par la civilisation moderne, et ses forces les plus secrètes, comme ses produits les plus cachés, sont à présent à la disposition de l'industrie.

Un philosophe qui passe encore, quoique ses écrits remontent à plus de deux siècles déjà, pour un de ces hommes étrangers aux intérêts matériels, quelque importants qu'ils soient, le célèbre Descartes, avait entrevu les avantages que les arts pourraient retirer de l'emploi des forces de la nature. En parlant des applications dont il les croyait susceptibles, il s'exprimait ainsi : « Elles m'ont fait voir qu'il est facile de parvenir à des connaissances qui soient fort utiles à la vie, et qu'au lieu de cette philosophie spéculative que l'on enseigne dans les écoles, on peut en trouver une pratique par laquelle, connaissant la force et les actions du feu, de l'eau, de l'air, des astres, des cieux et de tous les corps qui nous environnent, aussi distinctement que nous connaissons les divers métiers de nos artisans, nous les puissions employer en même façon à tous les usages auxquels ils sont propres, et ainsi nous rendre comme maîtres et possesseurs de la nature. »

Cette grande et belle idée, que des contemporains de Descartes n'ont pas manqué de prendre pour un de ces jeux de l'esprit qui n'ont de réalité que dans l'imagination des philosophes, ne vous semble-t-elle pas réalisée? Nous ne manquerions pas, pour notre part, d'affirmer qu'il en est ainsi, si, tout en reconnaissant les progrès dès à présent accomplis dans la voie qu'elle indique, nous n'entrevoyions aussi ceux qui restent à faire. Toutefois, c'est la conquête, en partie opérée, des forces physiques et des productions naturelles par la science, qui a donné à l'industrie moderne cette puissance qui nous étonne. Elle lui a ouvert les trésors inépuisables que la terre cachait dans ses entrailles; elle a permis de multiplier et de répandre sous les climats les plus variés des êtres vivants que le Créateur semblait avoir réservés à des lieux déterminés, et, réalisant au profit de la société tout entière les audacieuses prétentions que la fable attribue à Prométhée, elle a, non pas ravi, mais asservi à son usage le feu du ciel, qu'elle nous enseigne à produire.

Par les applications de l'électricité, du calorique, de la lumière, la science a donné à l'industrie moderne ses deux mobiles les plus puissants : la fabrication manufacturière se substituant aux labeurs souvent ingrats et presque toujours difficiles du petit atelier, pour multiplier la production proportionnellement aux besoins actuels, et le commerce cosmopolite succédant à la consommation circonscrite et locale qui suffisait aux siècles précédents.

Que deviendraient, sans nos moyens actuels de transport, les produits de toutes les grandes industries que l'Europe a fondées et qui constituent l'un des principaux éléments de la richesse publique? Que ferait-on, dans ce pays même, des produits de la vigne, de ceux de l'art séricicole ou de l'industrie lainière, de ceux de nos exploitations houillères et de tant d'autres encore, si le marché local leur restait seul ouvert? Leur immense développement n'aurait plus sa raison d'être, et les articles que nous obtenons par leur échange ou les capitaux qu'ils font mettre en circulation ne tarderaient pas à manquer.

Chaque région du globe a ses produits spéciaux et, par suite, ses industries propres. L'Europe reçoit des différentes parties du monde des objets inconnus aux anciens, mais qui sont à présent de première nécessité, et dont notre civilisation ne saurait plus se passer, bien qu'elle ne les produise pas. Arrêter le développe- d'un pareil état de choses, ce serait vouloir le retour aux temps difficiles contre lesquels la France d'autrefois a lutté, et dont elle a su triompher pour devenir la France d'aujourd'hui.

L'Exposition de Montpellier sera, sous ces différents rapports et sous bien d'autres encore, une source de précieux enseignements, et nos établissements d'instruction comme nos musées les plus richements dotés sont impuissants à en donner de pareils. A côté des articles sortis de nos grandes usines ou de nos principales manufactures, on y aura vu les matières premières dont ces industries opèrent la transformation en objets de consommation journalière, qu'elle les retire du sol ou qu'elle les doive aux différentes branches de l'agriculture. — Plusieurs des principaux objets fournis par l'industrie, mais propres aux autres régions de la France, y auront été également représentés, ce qui aura permis à nos intelligentes populations de les comparer avec ceux qu'elles fabriquent elles-mêmes, et d'améliorer les procédés qu'elles emploient. — On y aura aussi admiré ces machines de toutes sortes, encore peu répandues dans le Midi, que le génie de l'homme invente pour centupler les forces du travailleur et rendre les produits du travail accessibles au plus grand nombre, en les multipliant dans la même proportion. — Enfin, des objets de fabrication étrangère s'y seront fait remarquer pour montrer ce que les autres nations peuvent nous offrir en échange de ce qu'elles attendent de nous. En un mot, l'art, l'industrie et le commerce y auront démontré, une fois de plus, ce que sait réaliser leur mutuelle association.

C'est la science qui met l'agriculteur et l'artisan sur la voie des améliorations, et elle donne au commerce ses moyens de transport en même temps qu'elle rend ses communications aussi rapides que la pensée. Voilà pourquoi l'industrie se trouvait entourée, dans nos belles galeries, de toutes les matières premières qu'elle transforme à l'usage de la civilisation, et des machines de toute sorte qui aident dans leurs travaux l'agriculteur et le fabricant. Une Exposition industrielle et scientifique était le complément indispensable du Concours agricole, et les beaux-arts, qui sont la plus haute expression de l'élégance et du goût, ne devaient pas être séparés.

CHAPITRE PREMIER

EXPOSITION INDUSTRIELLE

C'est à l'Exposition de l'industrie que revient la première place dans ce compte rendu. La Commission chargée du classement des objets a délégué, pour accomplir cette tâche, plusieurs de ses membres, et le zèle ainsi que la compétence avec lesquels ils ont rempli cette délicate mission n'ont pas peu contribué au succès général. Plus récemment, M. le Préfet a institué dix-huit Jurys spéciaux pour apprécier le mérite de tous ces envois, si différents les uns des autres et pour la plupart si remarquables, que la Commission avait admis à ce grand Concours. Les machines de toutes sortes, les instruments de physique, les produits chimiques, les substances alimentaires ou pharmaceutiques, les articles de laine, soie ou lingerie, les travaux relatifs au bâtiment ou aux constructions navales, les arts graphiques, en un mot toutes les branches de la production industrielle, s'y trouvaient représentées, et la plupart y occupaient une place en rapport avec celle qu'elles ont dans le commerce.

On y a plus particulièrement remarqué les industries propres à notre région. Le grand nombre des ouvriers que ces industries emploient, les sommes énormes qu'elles mettent en mouvement, les grandes relations qu'elles provoquent et l'importance des besoins auxquels elles répondent, justifient parfaitement la curiosité et l'intérêt avec lesquels on a applaudi jusqu'à leurs moindres progrès, et la satisfaction générale qu'a inspirée la situation si prospère de la plupart d'entre elles.

J'aurais été heureux de pouvoir vous donner le détail de toutes ces améliorations et de raconter devant vous toutes les splendeurs de notre moderne industrie; mais le temps me manquerait pour rappeler l'ensemble des améliorations qu'elle a réussi à accomplir. Je dois me borner à rappeler, dans quelques pages, les inventions les plus remarquables et à signaler les produits dont la fabrication donne lieu à un grand mouvement d'affaires. J'en emprunterai le résumé aux rapports. Ce sera la justification des principales récompenses qui vont être décernées dans cette brillante réunion.

I

Les machines et outils, qui rentraient dans les attributions du premier Jury, étaient fort multipliées, et je ne parle ici que de ceux qui figuraient spécialement dans l'Exposition industrielle organisée par la ville de Montpellier; beaucoup d'autres objets analogues, pour la plupart affectés au service de l'agriculture, faisaient partie du Concours agricole, et c'est au Jury ministériel, présidé par M. l'Inspecteur général Rendu, qu'il appartenait d'en apprécier le mérite.

Les machines soumises à l'appréciation du Jury sont, pour la plupart, remarquables par leur construction, et tout à fait dignes des éloges qui leur ont été accordés. Plusieurs sont mues par la vapeur, ou constituent spécialement des moteurs à vapeur. La machine de ce genre exposée par M. Formis, de Montpellier, a son balancier horizontal; elle a été particulièrement signalée par la Commission, ainsi que la tondeuse pour draps due au même exposant. — M. Veillon, d'Alais, a envoyé une machine à limer, une machine à mortaiser, un marteau-pilon et une pompe alimentaire. La solidité et la bonne construction de ces appareils prouvent qu'il possède un outillage assez puissant pour exécuter les grands travaux réclamés par les développements actuels de l'industrie.

Plusieurs systèmes de pompes ont pu être comparés.

La forge portative de M. Brun, de Lyon, a été reconnue comme un appareil ingénieux et commode.

Les moteurs électriques de M. le professeur Cauvy et de M. Lebreton, de Cette, se rattachent à un autre ordre de machines. L'emploi de l'électricité comme moteur ne saurait être trop encouragé. On pourra arriver en le perfectionnant à des résultats bien supérieurs à ceux qui ont été obtenus jusqu'à ce jour, et cependant les applications de l'électricité à la mécanique ont déjà fourni de bons résultats.

D'autres machines sont encore signalées comme dignes de récompenses dans les rapports du premier et du deuxième Jury. Nous citerons plusieurs d'entre elles à propos des industries auxquelles elles se rapportent.

II

Deux questions préoccupent les physiciens qui s'adonnent à l'étude de l'électricité et de ses applications: accroître l'intensité de la force produite et diminuer la dépense exigée pour sa production. La pile remise par MM. Crova et Delhaumeau répond, sous certains rapports, au second de ces *desiderata*. Elle est plus simple que les piles ordinaires, d'un entretien plus économique et à effets plus constants. C'est une heureuse modification de la pile de Bunsen, dans laquelle l'acide nitrique et le vase poreux se se trouvent supprimés.

Le cosmographe de M. Ouvière est cet ingénieux instrument d'astronomie élémentaire qui a été monté, sur la place de l'Esplanade, dans l'enceinte réservée à l'Exposition. L'auteur l'appelle un observatoire populaire. Il répond, en effet, sous une forme parfaitement appropriée, à un désir auquel tout le monde est enclin, celui de se rendre compte de la position astronomique pour chaque localité où l'on se trouve, de saisir les rapports de notre globe avec l'immensité céleste, de déterminer le passage des principaux astres au méridien du lieu, etc. Beaucoup d'établissements d'enseignement secondaire ou même supérieur se sont déjà procuré le cosmographe dont M. Ouvière a, du reste, établi plusieurs modèles, depuis ceux qui conviennent aux places publiques et aux grandes institutions jusqu'à ceux que l'on peut placer dans un cabinet de physique ou même tout simplement sur la pendule d'une cheminée. Celui qui a été installé sur l'Esplanade, et dont l'Administration municipale se propose de faire l'acquisition, est disposé pour la latitude de notre Ville (43°, 36').

La mesure du temps est, comme la cosmographie, l'un des principaux points de vue de la science astronomique, puisque nos horloges ne sont en réalité que des mécanismes destinés à nous faire connaître la durée des mouvements de la terre sur elle-même et autour du soleil. Les efforts de tous les mécaniciens adonnés à cette partie ont donc pour but principal d'obtenir la plus grande régularité possible dans la marche des instruments. M. Philippe Compazieu, habile horloger de Montpellier, aura fait faire à son art un nouveau pas dans cette voie par la construction de son pendule compensé par le zinc. Il évite ainsi les dérangements de l'isochronisme mieux que ne permettaient de le faire les pendules en acier compensés par le laiton, qui constituent le système de Leroy, et il a notablement perfectionné la compensation par le zinc, que Bourdier a le premier proposée. M. Ph. Compazieu, recevra une médaille d'or.

Son frère, M. Urbain Compazieu, de Marseille, et M. Cure, de Montpellier, ont aussi obtenu des récompenses pour leurs travaux d'horlogerie.

Une révolution s'est faite depuis quelques années dans les procédés de pesage. La nécessité de peser rapidement des objets volumineux et lourds a fait substituer aux balances ordinaires les balances-bascules, dont l'appareil a été successivement modifié et perfectionné. Deux des grands établissements adonnés à la construction des instruments relatifs à cet usage ont mis sous les yeux du public leurs plus beaux appareils, et mérité des médailles de première classe: ce sont les maisons Sagnier, de Montpellier, et Catenot-Béranger, de Lyon.

III

De même que la métrologie, la musique se rattache comme science à la physique. Ses instruments figurent aussi parmi ceux auxquels cette branche a recours dans ses expériences si précises, ainsi que dans ses démonstrations, et c'est elle qui les modifie par l'application journalière de ses propres découvertes. Les instruments de musique qui ont principalement figuré à l'Exposition sont des pianos droits ou à queue, fabriqués par des facteurs de Paris, de Toulouse, de Marseille, de Nîmes et de Montpellier. On y a constaté les qualités du timbre et de la sonorité; les formes en ont également paru gracieuses, et l'ornementation en est faite avec goût. Ceux de M. Moitessier se distinguent, en particulier, par quelques perfectionnements apportés au mécanisme.

L'abrégé pneumatique du même fabricant constitue un mécanisme ingénieux. Il est destiné à rendre les claviers d'orgue aussi faciles à toucher que ceux de piano. Quel que soit le nombre de ces claviers et celui des jeux accouplés, la résistance des touches ne saurait être augmentée même d'une fraction de gramme, et l'heureuse disposition à laquelle l'auteur a eu recours rend l'appareil lui-même insensible aux variations de la température comme à celles de l'hygrométricité.

M. Baudassé, fabricant de cordes harmoniques, a obtenu une médaille d'or pour la qualité de ses produits ; nous ne répondrions pas aux intentions du Jury si nous n'en faisions dès à présent mention.

IV

Les principales branches des arts graphiques, telles que la typographie et la lithographie, auxquelles se sont plus récemment ajoutées la chromolithographie et la photographie, ont également tenu à prouver qu'elles ont fait de leur côté des progrès sérieux. Auprès des épreuves chromolithographiques si élégantes et si variées de l'imprimerie Canquoin, de Marseille, se classent, et à un rang presque aussi élevé, celles de M. Boehm, à Montpellier, et de belles lithographies ainsi que des impressions polychromes, des impressions en noir, des tirages de clichés, etc., adressés par plusieurs autres maisons, parmi lesquelles nous citerons celle de M. Gras.

Une magnifique série d'épreuves photographiques montrait où en est arrivé cet art nouveau, qui a déjà rendu de si brillants services. Elle est due à MM. Chancel, Marès et Albert Moitessier, et représente nos principaux monuments de la Provence et du Languedoc : le cloître de Saint-Trophime, le théâtre d'Arles, les arènes de Nîmes, la Maison-Carrée, le château d'eau du Peyrou, etc. M. Albert Moitessier y a joint quelques portraits ramenés photographiquement, et d'après des négatifs de petite dimension, à la grandeur naturelle. Ni M. Albert Moitessier, ni MM. Chancel et Marès, qui appartenaient, comme lui, aux Jurys chargé de juger les objets exposés, n'ont voulu être admis à concourir. Mus par un sentiment de délicatesse que vous apprécierez, ils ont voulu que la lutte restât circonscrite entre les photographes de profession, parmi lesquels se trouvaient, d'ailleurs, des praticiens fort exercés : MM. Crespon, de Nîmes; Froment, de Cette; Huguet-Moline, de Montpellier; Ch. Martin, de Montpellier, et Thobert, de Marseille.

A la section des arts graphiques se rattachent divers instruments qui méritent d'être mentionnés. Tels sont la machine à tracer les ovales de M. Moitessier père et la machine à régler de M. Bailly, de Montpellier. Celle-ci permet d'obtenir la réglure d'une rame de papier écolier au prix de 80 c.

V

Nous aurions à entrer dans de bien longs détails si nous voulions vous faire connaître tous les mérites des produits chimiques ou articles analogues sur lesquels le Jury a dû se prononcer. Cette branche de l'industrie, qui est aussi une partie importante de la science, est cultivée dans nos départements du Sud-Est avec un grand succès, et il s'y rattache des intérêts considérables. On peut y établir plusieurs divisions. L'une d'elles comprend les produits chimiques proprement dits : par exemple, les acides sulfurique, nitrique, tartrique, etc.; l'éther sulfurique, les verdets, les aluns et d'autres substances encore, dont les usages industriels sont fort nombreux. Le soufre, aujourd'hui si utile à l'agriculture, à cause de l'usage qu'on en fait contre l'oïdium, avait aussi été classé dans cette première division. Une autre catégorie comprenait les corps gras et leur emploi dans la fabrication des bougies et des savons. Les matières colorantes et les essences formaient deux autres groupes.

C'est à une découverte chimique, objet d'une grande application industrielle, que le Jury chargé de juger les produits chimiques a accordé l'une des trois médailles d'or dont il disposait.

L'aniline, à l'étude scientifique de laquelle se rattache le nom d'un ancien professeur de l'Académie de Montpellier, le célèbre et regrettable chimiste Charles Gerhardt, n'était, il y a quelque temps encore, qu'un produit curieux de laboratoire, une sorte de rareté chimique, attendant même, pour devenir un moyen de démonstration dans les cours, qu'on eût trouvé un procédé de préparation permettant d'en multiplier les échantillons. M. Béchamp, professeur à la Faculté de médecine de Montpellier, dans laquelle il s'applique à répandre le goût des fortes études, a trouvé ce procédé, en étudiant l'action réductrice des protosels de fer sur les dérivés nitrés de différents ordres. L'influence particulière exercée par l'acétate ferreux sur la nitrobenzine et la nitronaphtaline a élevé ce sel au rang d'un agent réducteur général, à l'aide duquel on produit facilement les bases organiques dérivées des hydrocarbures nitrés. Depuis lors l'aniline a pris, ainsi que M. Béchamp l'avait prévu dans son mémoire, une place exceptionnelle, non plus seulement parmi les substances chimiques qui intéressent la science pure, mais parmi celles qui sont d'une très-grande utilité dans l'industrie; elle sert principalement dans la teinture des étoffes de soie, de laine et de coton, depuis qu'on peut la transformer en rouge appelé fuchsine et en violet d'aniline. Paris, Lyon, l'Alsace, ainsi que l'Angleterre et l'Allemagne, fabriquent de l'aniline d'après le procédé de M. Béchamp, l'auteur de ce procédé l'ayant généreusement livré au public, sans s'en réserver l'exploitation par la prise d'un brevet. A elle seule, la maison Renard frères, de Lyon, produit en moyenne, depuis l'année 1858, 100 kilos d'aniline par jour, ce qui, à 20 fr. le kilo, prix de revient fixé par M. Béchamp à l'époque de la publication de son travail, représente, pour cette maison seule, une valeur annuelle de 730,000 fr. Il est rare que des recherches théoriques se traduisent d'une manière aussi prompte en résultats industriels d'une telle importance, et l'on doit savoir gré à M. Béchamp d'avoir doté le commerce d'une source aussi féconde de richesses.

Deux des grandes usines de la région ont été désignées pour les deux autres médailles d'or mises au concours pour les arts chimiques et les industries qui s'y rattachent. L'une de ces usines est celle qui a été fondée dans le Gard, à Salyndres ; la seconde est la grande fabrique de bougies stéariques et de savon créée à Montpellier sous le nom de Villodève, par M. Faulquier cadet.

L'usine de Salyndres (M. Merles, directeur; M. Uziglio, principal chimiste) offre une heureuse et remarquable application des données de la chimie moderne à la grande production industrielle. Les sels de soude, titrant 90° et 92°, y sont fabriqués à un prix sensiblement égal à celui des sels 80°, ce qui a permis à plusieurs de nos industries méridionales de se soustraire à la prime onéreuse qu'elles payaient pour le même article aux usines du Nord. 2,800,000 kilos de sel sodique ont été fabriqués à Salyndres, en 1859, et ce grand établissement a livré à la consommation plusieurs autres produits chimiques de première importance. La Compagnie à laquelle appartient Salyndres a aussi créé, dans les étangs de la basse Camargue, une vaste exploitation destinée à retirer des eaux de la mer, non-seulement le sel ordinaire, mais aussi les produits à base de soude et de potasse que ces eaux renferment, et pour l'extraction desquels notre savant compatriote, M. Balard, a donné des procédés depuis longtemps en usage dans plusieurs salins du département de l'Hérault. Aujourd'hui on a réussi, par l'emploi d'appareils à refroidissement artificiel, au moyen de l'éther, a obtenir directement des eaux de mer concentrées le sulfate de soude, et l'on rend ces eaux, ainsi traitées, immédiatement propres à donner tout le chlorure de potassium qu'elles renferment.

Les produits de la maison Faulquier cadet et Cie étaient représentés à notre Exposition par cette belle pyramide de cierges, bougies, cire, stéarine et savons, dont tous les visiteurs ont remarqué l'élégance. La fabrication des bougies stéariques est une de ces industries, nées des progrès de la science moderne, qui répondent à l'un des besoins de la grande consommation, et sont arrivées du premier coup à se substituer à des articles chers ou défectueux. La bougie de cire et la chandelle de suif étaient de ce nombre. L'épuration des suifs et la séparation de la stéarine ont permis de les remplacer, dans la plupart des cas, par la bougie dite stéarique, dont l'usage est maintenant général. M. Faulquier cadet a compris ce qu'il y avait à faire à cet égard, et il a réussi, par sa persévérante initiative, à créer, à Montpellier même, un établissement hors ligne, dont les produits s'ouvrent chaque jour de nouveaux débouchés, soit en France, soit à l'étranger. Son mouvement d'affaires, qui ne s'élevait encore qu'à 150,000 fr. en 1854, dépasse annuellement 5 millions, et sa belle fabrique de Villodève n'occupe pas moins de trois cent cinquante ouvriers. Il s'y emploie annuellement 2,500,000 kilos de suif, et la production journalière y est de 12 à 14,000 paquets de bougies, 7 à 8,000 kilos de savon et 1,500 à 2,000 kil. de cierges et chandelles ordinaires. Cette active fabrication ne s'alimente pas seulement avec des suifs indigènes; elle tire aussi de plusieurs autres pays, et elle trouve ses principaux débouchés en France, dans les échelles du Levant et dans des régions plus éloignées encore.

Après ces détails et en se rappelant les conditions, connues de vous tous, dans lesquelles la maison Faulquier cadet et Cie s'est élevée au degré de prospérité qui la distingue, on comprend pourquoi le Jury nommé pour les sciences chimiques envisagées sous le rapport industriel a porté pour la grande médaille de l'Empereur, non-seulement la Compagnie Merles, de Salyndres, mais aussi M. Faulquier cadet. Les Jurys réunis ont eu à juger ces propositions et celles analogues faites par les Jurys spécialement chargés de l'industrie lainière, ainsi que de la fabrication des soies, qui avaient présenté, le premier, MM. Maingaud père et Signourel, de St-Pons ; le second, M. Teissier-Ducros, de Valleraugue.

Après une discussion approfondie, dans laquelle plusieurs membres ont fait ressortir le mérite de ces différentes maisons, il a été reconnu que les efforts, si heureusement couronnés par un succès éclatant, de M. Faulquier cadet, devaient le faire préférer à ses honorables compétiteurs, et le Jury a décidé, à une forte majorité, qu'il recevrait la grande médaille destinée par l'Empereur à l'industriel jugé le plus méritant.

VI

Les substances alimentaires n'étaient pas aussi variées qu'on aurait pu l'espérer, eu égard à l'importance des intérêts auxquels elles répondent et surtout aux procédés de conservation, si utiles pour nos contrées, dont on dispose maintenant. Cependant plusieurs spécialités avaient fait des envois dignes d'être signalés. Ainsi il y avait des chocolats, en grande quantité et de bonne qualité, provenant des fabriques de Montpellier et de Perpignan, qui sont renommées pour cette préparation. Il y avait aussi des articles de confiserie, fruits au sucre, bonbons, pièces montées pour dessert, etc., dans la fabrication desquels notre ville excelle. La Commission chargée de les apprécier a recueilli à leur égard tous les renseignements désirables, et elle n'a rien négligé pour éclairer son jugement. Ce sont les bonbons qui ont obtenu la médaille d'or. Les produits pharmaceutiques, au sujet desquels elle devait aussi prononcer, ne lui ont paru mériter que la seconde place, et elle leur a décerné une médaille d'argent, destinée d'ailleurs à récompenser des essais intéressants. Ces essais sont relatifs à la fabrication, dans le département de l'Hérault, d'opium et de lactucarium indigènes, d'après des procédés analogues à ceux qui ont été mis en pratique, à Clermont-Ferrand, par M. le professeur Aubergier.

VII

Je passe aux instruments de chirurgie et aux autres appareils se rapportant à l'art de guérir. Le premier rang, parmi ceux admis à l'Exposition, a été accordé sans contestation à M. Badin, de Toulouse, dont les bandages, membres artificiels, etc., se font remarquer par la supériorité de leur confection et par divers perfectionnements pour l'énumération desquels je renvoie au rapport spécial de la Commission.

La coutellerie chirurgicale de M. Darrette, successeur de M. Bourdeaux aîné, a obtenu une médaille d'argent. C'est à M. Darrette que M. le docteur Bourdel s'est adressé pour l'exécution du nouveau forceps inventé et exposé par lui.

Une autre médaille d'argent a été décernée à M. Préterre, dentiste à Paris, comme encouragement aux efforts qu'il fait pour rattacher sa profession à l'art chirurgical.

VIII

La dépouille des animaux de toute espèce qui composent la classe des mammifères fournit à l'homme les cuirs et les peaux que l'art du tanneur soustrait à la décomposition, et qu'il apprête en vue des différents usages économiques et industriels auxquels on les destine. C'est aussi des animaux de cette classe que nous tirons la laine, base de tant de tissus de première nécessité, le crin, diverses autres matières textiles, et les fourrures, qui fournissent à tous les peuples des vêtements aussi utiles que recherchés.

L'art du tanneur est très-avancé dans nos départements, et il constitue la principale industrie de plusieurs villes, parmi lesquelles on doit surtout mentionner celle d'Aniane. Il se subdivise en plusieurs parties très-distinctes, qui ont toutes envoyé à l'Exposition de fort beaux produits. Le gros cuir, dit cuir à la garouille, le cuir lissé blanc, le cuir noir et blanc préparé à la graisse, la vache molle et la vachette, les cuirs de cheval, les peaux de mouton et les maroquins, s'y faisaient particulièrement remarquer, et l'on a pu voir aussi quelques-uns des principaux outils dont on se sert pour les travailler. M. Teisserenc-Vallat, adjoint à M. le Maire de Montpellier, a donné dans son rapport d'excellents détails sur ces divers genres de fabrication, et nous regrettons de ne pouvoir les reproduire dans ce résumé. Il montre l'importance des relations commerciales que la tannerie établit entre notre département et des pays fort éloignés, Buenos-Ayres par exemple. Son rapport établit en outre ce fait, digne d'être signalé, que les tanneries du Midi peuvent lutter avantageusement contre celles des autres régions industrielles et de l'étranger.

Les peaux de différents animaux, préparées avec leurs poils, constituent les fourrures, lorsqu'elles sont assez souples et d'un pelage assez chaud et assez moelleux pour être employées à cet usage. On en tire aujourd'hui de toutes les régions du globe; mais celles des parties boréales de notre hémisphère sont restées supérieures à toutes les autres, et leur commerce donne lieu à un grand mouvement de capitaux. La maison Hasse, de Lyon, a monté dans nos galeries une grande vitrine, trop richement garnie d'élégantes pelleteries pour que nous passions sous silence cette utile industrie. La loutre du Kamtchatka, qui se vend à un prix si élevé ; le renard argenté, le renard tricolore et autres fourrures précieuses provenant de l'Amérique du Nord, se voyaient, à l'exposition de M. Hasse, à côté des plus belles variétés de la zibeline, de l'hermine, du petit gris et des espèces les plus recherchées que nous envoient la Sibérie et le nord de l'Europe. Nous y avons égament remarqué d'autres jolies espèces, et, parmi elles, l'once des naturalistes, qui est une sorte de panthère propre aux grandes montagnes ainsi qu'aux régions froides de l'Asie. Son pelage a la douceur de celui du lynx, unie à une disposition de couleurs qui rappelle le léopard. Il y avait, en outre, parmi les articles de la maison Hasse, de jolis duvets de cygne, des duvets d'oie, imitant le cygne, et beaucoup d'autres fourrures qui montrent que cette maison a établi des relations étendues, lui permettant de fournir à toutes les exigences du commerce de luxe auquel elle s'est adonnée. Ses peaux de lapin, teintes en marron, de manière à imiter la fourrure des carnassiers vermiformes, sont un excellent article, quoique d'une origine plus humble; elle en fait de grandes expéditions pour l'Amérique septentrionale. Ce fait montre tout le parti qu'on peut tirer d'une espèce fort modeste sans doute, mais qu'on peut, pour ainsi dire, reproduire à volonté, et qui, indépendamment de la fourrure qu'on en tire, fournit un excellent aliment. Les peaux de lapin ainsi préparées servent à faire des pelleteries à bas prix, qui ont à peu de chose près l'apparence des fourrures plus coûteuses, et qui, dans tous les cas, en possèdent les principales qualités hygiéniques.

L'industrie lainière est l'une des plus répandues dans la région du Sud-Est et, sans contredit, la plus importante du département de l'Hérault. Elle comprend la laine brute, que nous fournissent non-seulement nos contrées, où l'espèce ovine est l'une des principales richesses agricoles, mais aussi toutes les contrées voisines de la Méditerranée et, de plus, l'Amérique méridionale, ainsi que l'Australie. M. Teisserenc, a établi avec Buenos-Ayres des relations très-actives, que Marseille, le Havre et d'autres ports de mer ont considérablement étendues. Il reçoit de la capitale de la Plata, non-seulement des cuirs et peaux de vache et de mouton destinés à la tannerie, mais aussi des laines. Le lavage de ces dernières se fait principalement dans les eaux du Lez, auprès de Montpellier. Le premier parmi les armateurs du Midi, M. Teisserenc a envoyé prendre des chargements à Melbourne. On ne peut qu'applaudir à cette intelligente initiative. C'est en suivant les autres nations dans les nouveaux marchés qu'elles s'ouvrent sur tous les points du globe, ou en les y devançant, que le commerce méditerranéen conservera cette ancienne réputation et cette féconde activité qui remontent aux Phéniciens, et ont fait, à toutes les époques de la civilisation, la gloire ainsi que la richesse de Marseille et de tant d'autres villes littorales de la mer Intérieure.

Le seul lavage des laines donne lieu à un chiffre d'affaires assez élevé. Il est pratiqué depuis longtemps et sur une grande échelle au Port-Juvénal où il a répandu, au moyen des graines retenues dans les toisons apportées de tant de localités différentes, une foule d'espèces végétales étrangères au bas Languedoc. En 1852, M. le professeur Godron trouvait, dans les herbiers faits à Montpellier par Delile, Dunal et M. le professeur agrégé Touchy, 372 de ces espèces de plantes, toutes du grand groupe des phanérogames, qu'il a décrites en partie et énumérées dans un mémoire spécial, publié parmi ceux de l'Académie des sciences et lettres de cette ville, et, depuis lors, il en a été recueilli quelques autres [1]. Dans quelques cas, les graines de certaines de ces plantes sont en si grand nombre dans les laines admises au lavage, qu'il résulte de leur extraction un déchet de 45 p. %. On les appelle gratterons ou lampourdes [2], et il a été inventé des machines à délampourder. C'est en particulier aux toisons de Buenos-Ayres qu'il importe de

[1] M. Cosson vient de publier de nouvelles observations au sujet des plantes du Port-Juvénal.

[2] Les lampourdes des moutons de nos contrées sont essentiellement fournies par le *Xanthium macrocarpum*, espèce de Composée. Une des plus remarquables, parmi celles de l'Amérique méridionale, est le grand fruit bicorne du *Martinea lutea*, de la famille des Bignoniacées.

faire cette opération, et l'un de nos exposants, M. FAJON, de Gemnos (Bouches-du-Rhône), a trouvé le moyen d'y procéder en laissant à la laine toute sa longueur.

Le peignage est aussi une industrie afférente à la grande série de travaux auxquels la laine donne lieu. Il se fait aujourd'hui à la mécanique. MM. AUBANEL et TAVERNIER ont montré qu'ils le pratiquaient avec une véritable perfection.

Le déflochage est une opération tout autre, mais qui a aussi une grande utilité. Il s'opère sur les bouts de laine, châles, tapis, couvertures, tricots, draps et autres étoffes ou vieux chiffons de laine, dont on ne tirait autrefois aucun parti, et qui, déflochés et cardés, donnent aujourd'hui une laine nouvelle connue sous le nom de *renaissance*. Le Jury a reconnu que les déflochages de M. HIGOUNENC, de Bédarieux, sont très-bien exécutés.

La fabrication des tissus de laine est le but de toutes ces transactions et de toutes ces préparations préliminaires, dont l'élève du mouton et la coupe des toisons sont elles-mêmes le point de départ. La laine, suivant ses qualités ou les usages auxquels on la destine, est transformée en draps, couvertures, tapis, flanelles, tentures, feutres, etc. L'Isle, dans le département de Vaucluse; Toulon, Carcassonne, Limoux, St-Pons, St-Chinian, Lodève, Clermont-l'Hérault, Montpellier et Nîmes, ont fourni la plus grande partie des draps et tissus de laine admis à l'Exposition.

« En examinant avec attention cet étalage élégant, présentant des caractères si variés, draps pour troupes, pour le commerce ou nouveautés diverses, on voit avec plaisir, dit M. Vassas, dans son excellent rapport au Jury des articles de laine, que le Midi tient une place distinguée dans cette industrie, tant pour sa bonne fabrication que pour son goût. Sans doute, nos draps n'offrent ni le moelleux, ni la douceur qui distinguent ceux du Nord et proviennent de la qualité des laines; mais on reconnaît que nos fabricants savent employer judicieusement celles, intermédiaires ou communes, que fournit le Midi. Nos étoffes se font remarquer par leur nerf et par leur ténacité, gage de durée, et, souvent aussi, par leur bas prix relativement à leur solidité, ce qui n'exclut nullement le choix heureux des dispositions dans les nouveautés. Aussi nos produits sont-ils appelés à rentrer de plus en plus dans la consommation, si nous voulons suivre le progrès. Pour la draperie forte, bonne, solide et à bas prix, nul pays ne devrait l'emporter sur le midi de la France. »

Une des principales spécialités de nos fabriques de draps de l'Hérault est celle dite draps de troupes. Elle est aussi la mieux outillée. Les produits de MM. Maistre, à Villeneuvette, près Clermont-l'Hérault, en montrent les caractères avec toute la perfection désirable. Dans les vastes établissements dont ils sont propriétaires, les maîtres et les nombreux ouvriers attachés à la fabrique vivent dans des relations constantes où le respect dû aux premiers est garanti par leur paternelle et patriarcale administration. MM. Maistre continuent la tradition plus que séculaire qui est pour leur famille un véritable titre de noblesse industrielle. Le quatorzième Jury leur a décerné une médaille d'or, et ils en ont, en outre, obtenu une en argent, du Jury de la première section, pour leur métier à tisser, construit en vue d'utiliser l'ancien système ou métier à la main, en le rendant mécanique. Cette avantageuse modification permet de réaliser une économie de 3 ou 400 fr. par métier sur les frais d'établissement.

Les couvertures de laine pour l'exportation et les tapis sont loin d'avoir pour notre industrie régionale l'importance des draps; il est cependant convenable d'en dire quelques mots. M. le Rapporteur rappelle que, sous l'habile initiative de feu M. Zoé Granier, les couvertures fabriquées à Montpellier ont longtemps lutté, sur certains marchés de l'Amérique septentrionale, contre les produits anglais. Leur supériorité était même si bien reconnue, qu'elles étaient acceptées à la Nouvelle-Orléans, sur leur simple marque, à 8 et 10 p. °/₀ plus cher que les mêmes produits fournis par l'étranger. La maison GRANIER-CASTELNAU a en partie utilisé les vastes locaux créés par M. Zoé Granier, et elle continue à fabriquer avec le même soin, quoique sur une moindre échelle.

Les tapis de Nîmes ont justifié leur réputation, quant à la qualité et au bon marché. Les foyers haute laine de la même ville se sont fait remarquer par leur bonne fabrication, leurs jolies couleurs et leurs dessins élégantss.

Enfin les tapis feutrés de M. GAVOTY, à Toulon, doivent être également signalés. Ce sont évidemment les meilleurs feutres qu'on ait encore produits.

X

La France fournit annuellement pour plus de 100 millions de cocons, et c'est en grande partie dans les départements situés sur le cours inférieur du Rhône, tels que le Gard, l'Ardèche, la Drôme et l'Hérault, qu'est répandue la culture du précieux insecte qui nous donne cette substance.

La production et la filature des soies constituent la principale industrie des Cévennes. Comme matière première, cette substance devait donc avoir sa place aux Expositions de Montpellier, et elle a été en effet très-bien représentée, soit au Concours agricole, soit dans les galeries de l'Industrie. C'est à M. le marquis de Ginestous qu'a été confié le soin de rendre compte des résultats obtenus, et la liste des récompenses accordées par le Jury dont il faisait partie montre que ces résultats sont réellement remarquables. L'industrie séricicole a eu cependant, comme celles qui relèvent de la culture de la vigne, à lutter contre les désastres de la maladie, et la cause des pertes nombreuses qu'elle a dû supporter n'a pas encore cessé, malgré les efforts que la science a faits pour en triompher. Ganges, Valleraugue et plusieurs autres grands centres séricicoles, ont envoyé de fort beaux produits. M. Corsel, de Sumène, a joint aux siens un nouveau modèle de machine à ouvrer et à filer, ainsi que des dévidages réguliers obtenus avec le bombyx du chêne. C'est l'une de ces espèces qui donnent une soie différente, sous quelques rapports, de celle du bombyx du mûrier, et dont on essaye depuis quelque temps l'acclimatation.

XI

Quoique le coton entre, ainsi que le lin, le chanvre et quelques autres fibres d'origine végétale, dans la fabrication de la plupart des articles de lingerie, nous n'avons que peu de mots à en dire. Le coton peut arriver à maturité sur plusieurs points de la zone maritime du Sud-Est, mais il n'est pas susceptible d'y être cultivé utilement comme en Algérie ou en Egypte, et d'ailleurs le midi de la France ne s'adonne pas comme le fait le Nord à la fabrication des tissus de coton. Les autres tissus végétaux ne s'y fabriquent pas non plus en grand.

Aussi n'avons-nous reçu à l'Exposition qu'un nombre assez peu considérable d'articles de ce genre. Il n'en est pas de même de ceux de lingerie, envisagés en eux-mêmes; et la lingerie pour hommes, celle pour femmes et enfants, ainsi que la lingerie dite de ménage, comprenaient de fort jolis envois. Les broderies et dentelles ornaient aussi de nombreuses et gracieuses vitrines, et l'on avait placé, à peu de distance de ces élégants tissus, plusieurs machines à coudre, dont le succès n'a pas été inférieur à celui qu'elles avaient obtenu aux grandes Expositions de Londres et de Paris.

XII

Quelques mots maintenant sur des objets bien différents de ceux dont il vient d'être question; ils seront relatifs aux travaux du bâtiment. Au premier rang, et comme application nouvelle des derniers progrès inspirés par les sciences, se placent les objets de fonte destinés à la construction et à l'ornementation monumentale. Ce n'est pas seulement pour le pays même où elle s'exerce que cette industrie travaille, ou pour la consommation purement locale. Elle fournit aussi à l'exportation, et elle a pris sous ce rapport, particulièrement en ce qui a trait aux pièces les plus volumineuses, une importance inattendue. Il se fait annuellement en France plus de 150 millions de kilogrammes d'objets de fonte.

La maison Boué, de Montpellier, est entrée hardiment dans cette voie. Elle s'est adonnée principalement à la fabrication des fontes destinées à l'industrie et aux constructions. C'est à elle que notre nouveau Marché couvert doit les colonnes creuses, arceaux et bahuts, qui en forment presque entièrement le vaisseau; les colonnes en sont surtout dignes d'attention. Elles sont plus longues et moins épaisses que celles des Halles centrales de Paris[1]. La coulée de ces énormes colonnes n'a été possible que grâce à la multiplicité des jets, ce qui a permis au métal en fusion de remplir les différentes parties du moule, tout en assurant l'échappement des gaz, qui auraient nui à la jonction des parties d'un même ensemble et compromis la bonne exécution des détails.

M. Boué a réellement doté Montpellier d'un établissement qui peut être d'une grande utilité pour ce pays et qui marche de pair, pour les résultats, avec les mieux installés. Cet habile fondeur a été compris parmi les exposants qui ont obtenu des médailles d'or.

Les envois d'objets en fonte de MM. Durenne et Zégut, de Sommevoire (Haute-Marne), et ceux de M. Maurel, de Marseille, font aussi beaucoup d'honneur à ces industriels.

Les cloches en acier fondu de M. Holtzer, à Unieux (Loire),

[1] Leur hauteur est de 11 mètres, et leur épaisseur de parois 0,02.

ne sont pas moins dignes d'éloges, et il en est de même de beaucoup d'autres articles se rapportant à la même branche de l'industrie ou à des branches peu différentes, que nous avons le regret de ne pouvoir énumérer tous.

Nous ne devons pas oublier cependant les grandes figures en cuivre repoussé de M. CUSSON, l'habile artiste auquel on doit le Christ du Peyrou; la Vierge de grandeur colossale qu'il a mise sous les yeux du public est destinée à l'église St-Louis, de Cette. Son élève, M. AUBERT, s'est fait également remarquer.

Citons, en outre, les plaques en zinc, disposées pour toiture, de MM. LALLEMAND et BRUN; les articles de serrurerie si habilement exécutés par MM. GAUD, SERVEL, etc., de Montpellier; les coffres-forts de MM. SAUVE et MAGAUD, de Marseille; le nouveau système d'espagnolettes de M. CAYROL, ainsi que ses devantures de magasin et ses persiennes; les parquets de MM. DUCAMP, à Uzès, et MAYBAN et Cie, à Toulouse, et les jolis ouvrages de tour adressés par M. SERVOLE, de Perpignan.

La céramique architecturale et la céramique agricole avaient aussi voulu montrer les progrès qu'elles ont accomplis, et leurs envois ont contribué à l'ornement du palais de l'industrie.

La verrerie a aussi pris sa part dans la décoration de nos galeries, grâce aux beaux vitraux peints de MM. BRUNET, de Montpellier; LAGAYE, de la même ville; GESTA, de Toulouse, et MAUVERNAY, de St-Galmier.

XIII

Cette énumération, déjà fort longue, des plus remarquables articles de toutes sortes qui ont figuré à l'Exposition industrielle de Montpellier resterait trop incomplète, si je ne rappelais aussi les meubles de choix dus à M. Pascal SEGUY et à MM. CABANEL frères, de notre ville. Le travail en est excellent et l'ornementation parfaite.

Les ornements d'église de M. Coulazou sont aussi riches que bien exécutés, et nous avons aussi des félicitations à adresser, au nom du Jury, aux personnes qui ont exposé des articles de carrosserie. Ces exposants appartiennent aussi à la ville de Montpellier, et à cet égard leur succès vous sera doublement agréable.

Que de détails j'aurais encore à vous donner, Messieurs, si je voulais passer en revue tous les autres produits exposés : articles de voyage ou de fantaisie, objets d'art et mille autres encore, qui ont occupé dans ce remarquable Concours une place honorable ! mais leur seule énumération m'entraînerait au delà des limites qui m'ont été accordées, et que je craindrais d'avoir dépassées déjà, s'il ne s'agissait dans ce rapport d'intérêts dont vous avez tous reconnu l'importance. Je me borne donc, quoique bien à regret, à ne citer en ce moment que les belles pièces d'orfévrerie, de bronze et fontes artistiques, d'aluminium ouvré, de MM. Christofle et Cie, Barbezat, Mène, etc. Ces maisons occupent en Europe un rang trop élevé pour qu'il soit nécessaire d'insister sur le mérite de leurs produits. Leur présence à l'Exposition de Montpellier est une nouvelle preuve de l'importance qu'on attache à vos jugements.

Combien d'autres objets j'aurais à signaler, si vos souvenirs ne suppléaient à l'avance aux nombreuses omissions de ce compte rendu ! Je termine donc ce qui est relatif à l'industrie par la mention de quelques articles qu'on ne se serait pas attendu à rencontrer à notre Exposition, si l'on ne savait l'extension qu'a prise à Cette l'art des constructions navales. Ce sera une dernière preuve de la variété et du mérite des objets, appartenant à des genres si différents les uns des autres, qui ont trouvé place dans nos galeries. C'est à l'habile constructeur de Cette, M. Jules Michel, que sont dus les principaux modèles relatifs à la navigation. Son dock flottant a surtout paru ingénieux ; aussi a-t-il été mis au rang des inventions auxquelles il a été accordé des médailles de première classe.

CHAPITRE II

HISTOIRE NATURELLE

La région du Sud-Est est remarquable par la richesse minéralogique de son sol, par les nombreux restes des êtres organisés, appartenant aux anciens âges du globe, dont elle renferme les débris, et par la diversité des espèces de toute classe qui en constituent la faune et le flore. Il était à la fois curieux pour la science et utile pour l'industrie de réunir dans une même enceinte toutes ces productions naturelles, si différentes les unes des autres, et d'en rapprocher les êtres propres à des contrées plus ou moins éloignées, que notre pays doit essayer de s'approprier. Le voisinage de la mer ajoutait encore à l'intérêt de notre Exposition scientifique, puisqu'il permettait de mettre sous les yeux du public une foule d'espèces, les unes fort utiles, les autres fort curieuses, dont notre histoire naturelle locale doit surtout s'occuper. Une Exposition comprenant la minéralogie, la géologie, la botanique et la zoologie, essentiellement envisagées dans les productions propres au Midi ou dans celles étrangères à la région qu'il nous importe le plus de connaître, pouvait donc offrir un intérêt incontestable; c'était aussi un excellent moyen de réunir de nouveaux matériaux pour une histoire descriptive de cette partie de la France, et de donner aux personnes vouées à ce genre de recherches le moyen de faire connaître leurs découvertes. Le Musée improvisé qui vient d'être organisé dans notre ville a singulièrement excité la curiosité des visiteurs, et nous ne doutons pas qu'il ne contribue puissamment à répandre des notions exactes. Presque tout le monde avait entendu parler d'une foule d'objets qui y ont figuré, mais peu de personnes, parmi la grande majorité de nos visiteurs, avaient eu jusqu'à ce jour l'occasion de voir ainsi ces objets réunis dans une même enceinte; peut-être même beaucoup d'entre elles ne s'en faisaient-elles pas une idée suffisamment exacte.

La Commission nommée par M. le Préfet, pour organiser les Expositions d'histoire naturelle, ouvertes à Montpellier en même temps que celles de l'industrie et des beaux-arts, a été heureuse de voir avec quel empressement on avait répondu à son appel, et le Jury chargé de juger les produits de zoologie et de minéralogie envoyés au Concours aurait pu facilement, sans cesser d'être juste, accroître la liste des récompenses qu'il propose de décerner, s'il n'avait dû rester dans les limites que lui a tracées l'administration municipale.

Nous commencerons cet aperçu général sur les produits envoyés à l'Exposition par ce qui a trait à la minéralogie et à ses différentes branches.

L'exploitation de nos richesses minérales remonte à la première apparition de la civilisation dans ces contrées. A l'époque reculée où le commerce, en s'étendant de proche en proche, apportait avec lui, sur plusieurs points de notre littoral, les premières notions de la science et des arts, les Phéniciens, et plus tard les Romains, entreprirent successivement des travaux de mines dans les basses Cévennes. Ils y recherchaient, outre le fer, le cuivre et l'argent, et l'on trouve encore sur plusieurs points de ce département, particulièrement aux environs de Cabrières, les galeries qu'ils ont ouvertes dans ce but. Le temps a respecté une partie des instruments qui servaient à leurs travaux, et l'on peut voir encore, dans les couloirs percés par eux, jusqu'aux coups de pioche à l'aide desquels ces galeries étaient ouvertes. Le sol est jonché par endroits des débris du minerai qu'ils ont extrait, et la charrue les fait de temps en temps reparaître avec d'autres objets dus à la même civilisation.

M. Graff, ingénieur allemand, qui a dirigé pendant plusieurs années les houillères de Neffiés (Hérault), a recherché avec soin, dans les environs de cette localité et à Cabrières, qui en est peu éloigné, les anciennes descenderies de mine ouvertes par les Romains. Ces études lui ont permis de retrouver plus facilement la trace des principaux filons de cuivre gris et de cuivre argentifère qui sillonnent les terrains paléozoïques de ces localités. Il a aussi observé, d'une manière toute particulière, les roches, si difficiles à bien comprendre géologiquement, qui forment le sol de cette partie du département de l'Hérault, et ses travaux à cet égard ont été le point de départ de ceux de M. Fournet, Marcel de Serres, de Verneuil, Jourdan, E. Dumas et Paul de Rouville, qui sont relatifs aux mêmes lieux. La collection que M. Graff a formée à Cabrières et à Neffiès est riche en trilobites, goniatites, orthocères, productus, térébratules, crinoïdes, polypiers divers, etc. On doit aussi au même observateur la carte géologique des environs de Neffiès, et une coupe, également géologique, allant de Fontès au pic de Cabrières. Le Jury nommé pour l'histoire naturelle a jugé M. Graff digne de recevoir une médaille d'or.

Une médaille de même classe a été décernée à la Compagnie des mines de Pallières (Gard) : M. Simon, ingénieur.

Cette Compagnie a pour but l'exploitation des minerais de plomb argentifère; des minerais de cuivre et des minerais de zinc. Indépendamment des matières premières sur lesquelles elle opère, elle a aussi exposé ses principaux produits : plomb, argent, zinc brut et laminé, sulfates de plomb, couleurs à base de zinc, etc. L'intéressante série de produits réunie par M. Simon a été offerte par lui à la Faculté des sciences, dans la collection de laquelle on pourra l'étudier.

De beaux échantillons de pyrites de fer, envoyés par la Société dite des pyrites d'Alais (MM. Simon et Merle, ingénieurs), doivent être aussi mentionnés, et il en est de même des oxydes de fer de plusieurs autres gisements, principalement de ceux de Notre-Dame-de-Maurian, près Graissessac, qu'exploite la Compagnie

Usquin. Plusieurs autres entreprises analogues avaient également adressé des échantillons.

Les plombs argentifères sont, en outre, représentés par les envois faits de Carnoulés, près d'Alais, par MM. Daniel RICARD et Cie, et par quelques autres exposants inscrits au livret.

Des aciers fort beaux et des fontes irréprochables, provenant de l'usine de Ria, auprès de Prades (Pyrénées-Orientales), ont valu à M. Remy JACOMY et Cie la médaille d'argent accordée aux articles de cette catégorie.

C'est à Alais, principal centre de l'industrie métallurgique dans les Cévennes, qu'est située l'usine de M. David BEAU, à laquelle notre Exposition doit de fort jolis échantillons de régule d'antimoine, ainsi que de crocus (oxysulfure) et de verre du même métal. M. Beau a obtenu pour ses produits une médaille d'argent.

La même récompense a été demandée pour M. SANTELLI, de Castifao (Corse), pour ses minerais de cuivre, plomb argentifère, antimoine et cinabre, ainsi que pour ses échantillons de roches et marbres de son département. La Corse est riche en produits de cette nature, dont l'exploitation donnera des bénéfices considérables, et il a été possible de trouver à cet égard, dans les salles de l'Exposition de Montpellier, tous les renseignements désirables, MM. Doûmet père et fils y ayant fait placer la collection complète des roches de cette île, dont ils ont recueilli et taillé eux-mêmes sur place tous les échantillons.

La série presque complète des roches et des minéraux des autres départements de la région se voyait aussi à l'Exposition : argiles diverses, calcaires pour pierre de luxe, pierre à bâtir ou pierre à lithographier, pierres à chaux et à ciment, gypses de diverses qualités, talcs, basaltes, laves, etc. L'argile, dont on fabrique les modestes poteries de Saint-Jean-de-Fos, s'y trouvait à peu de distance des marbres de la Bouriette, de Saint-Pons, de Clermont, de Roquecelles, de la Valette, etc., toutes localités situées dans l'Hérault. M. REY, de Montpellier, avait exposé une très-belle cheminée faite avec le marbre à serpules de la carrière de la Valette, qui est située à deux pas de notre ville. Malgré leur éloignement, les ardoisières d'Angers avaient aussi adressé des échantillons de leurs plus beaux produits, et l'on a pu remarquer encore beaucoup d'autres qualités de roches à la fois utiles à l'industrie et intéressantes pour la science.

La chaîne des Pyrénées est renommée pour ses eaux minérales et ses grands établissements de bains. Les Pyrénées-Orientales nous ont envoyé des eaux de leurs principales sources : Olette, Amélie-les-Bains, Molitg-les-Bains et Vernet-les-Bains. L'Hérault aurait pu nous en fournir autant. Lamalou-le-Haut, Lamalou-le-Centre, la Vernière près Béziers, Balaruc-les-Bains, ont seuls exposé. L'Aude et le Gard avaient aussi adressé quelques bouteilles de leurs principales eaux, et Vichy avait, en outre, fait remettre à la Commission de très-beaux échantillons de bicarbonate de soude. Enfin la principale des eaux minérales, l'eau de la mer, était représentée par quelques-unes des substances salines qu'elle fournit, et en particulier par de nombreux échantillons de sel marin fournis par les principaux salins de notre département.

Le sel a été mis au nombre des substances que la Commission d'histoire naturelle avait cru devoir admettre, mais sur lesquelles le Jury nommé pour la même classe d'objets ne devait pas se prononcer. Il a été décidé qu'il en serait de même des eaux minérales envisagées en dehors des travaux d'histoire naturelle auxquels elles ont donné lieu. L'admission de ces articles à l'Exposition de Montpellier aura contribué à mieux faire connaître les établissements qui les ont envoyés ; toutefois il n'a pas paru convenable au Jury, qui a voulu rester essentiellement scientifique, de prononcer entre des exploitations industrielles ou médicales qui rendent également des services.

Une des parties les plus remarquables de l'Exposition dont nous rendons compte a été celle des combustibles minéraux. Plusieurs localités situées dans les Cévennes ou sur d'autres points de la région du Sud-Est sont riches en dépôts de houilles et de lignites. Les Compagnies de Bességes, soit la Compagnie houillère dirigée par M. Chalmeton, soit celle dite des mines de Lalle, qui a pour directeur M. Létaud ; la Compagnie de la Grand'-Combe (directeur, M. P.-J.-M. Beau) et la Compagnie de Graissessac, avaient fait extraire, pour les envoyer au Concours de Montpellier, d'énormes mottes de charbon de terre, montrant la qualité des principales couches de leurs concessions respectives et aussi l'état de perfection de leurs procédés d'extraction et de transport. Une de ces mottes, taillée dans les mines de Graissessac, ne pèse pas moins de 9,000 kilogrammes. Elle a été réservée pour l'administration de la marine et envoyée à Toulon après la clôture de nos Expositions. D'autres mottes aussi très-volumineuses provenaient des mines de Bességes; on en avait fait une voûte précédant l'entrée de la grande salle réservée à l'histoire naturelle.

Aux diverses houilles maigres et grasses des concessions dont nous venons de rappeler les noms avaient été joints les cokes à la fabrication desquels elles servent, ainsi que des rondins de deux mètres de hauteur, obtenus par le système Evrard, au moyen de l'agglomération des menus de charbon de terre avec le goudron. Il y avait aussi des briquettes faites avec les mêmes matériaux et fournissant de même un excellent combustible. On les fabrique particulièrement à la Grand'-Combe.

M. P. Moulinier, directeur des mines de Graissessac, qui constituent la principale exploitation houillère de l'Hérault, a eu l'heureuse idée de joindre aux mottes et aux échantillons marchands tirés de cette concession la série complète des roches qui en forment le sol et un très-beau choix des empreintes de végétaux fossiles que l'on trouve dans la houille. Elle a été appréciée des géologues et elle a aussi fixé l'attention du public. Le Jury exprime le désir que cette collection, qui a été récompensée à Montpellier, reste acquise au chef-lieu du département dans lequel est situé le bassin houiller qu'elle fait si bien connaître géologiquement. M. le Préfet de l'Hérault et M. le Maire de Montpellier se sont associés à ce vœu de la Commission.

Une empreinte de grande sigillaire, choisie par M. Chalmeton parmi celles que l'on trouve dans la houille de la couche St-Émile, à Bessége, est remarquable par ses dimensions, qui atteignent près de deux mètres.

Deux autres compagnies houillères de l'Hérault et du Gard ont aussi concouru à enrichir notre Exposition, par l'envoi de quelques beaux échantillons de leurs produits. Ce sont celle de Portes (Gard), représentée par M. Lefèvre, de Nîmes, et celle de Saint-Geniés-de-Varensal, Rosis et Castanet-le-Haut, près Saint-Gervais (Hérault), dont M. Léopold Chabaud est ingénieur et directeur.

Les lignites exposées sont en moindre nombre et proviennent des terrains tertiaires. Il y en a d'Auriol et d'Aix (Bouches-du-Rhône) (M. Wolsky, directeur), de Bize (Aude) et de la Caunette, près Saint-Pons (Hérault).

Citons enfin, pour terminer ce qui est relatif aux substances du même grand groupe minéralogique, l'asphalte de Servas (David Beau, d'Alais, exposant) et l'huile de pétrole de la source de Gabian (Hérault), recueillie et adressée par M. Gept.

Encore quelques mots relativement à la géologie. Ils seront consacrés aux savantes cartes de M. Emilien Dumas et à quelques roches ou objets de paléontologie, presque tous recueillis dans la région du Sud-Est et d'une importance scientifique incontestable.

M. Emilien Dumas a fondé à Sommières (Gard) une magnifique collection de roches, de fossiles et d'objets d'antiquité propres au pays, et que les géologues français ou étrangers qui viennent dans le Midi ne manquent pas de visiter. Cette collection, dont il ne lui a été possible de nous prêter que quelques spécimens, est la base de sa grande carte géologique du Gard, dont trois arrondissements ont déjà paru. Elle lui a aussi servi pour la construction de sa belle carte agronomique de l'arrondissement de Nîmes.

Ces travaux, tout à fait dignes de servir de modèles aux savants qui traitent des sujets analogues, ont été mis sous les yeux du public, ainsi que la carte de l'arrondissement de Lodève. Cette dernière fait partie de la carte générale de l'Hérault que M. Dumas a entreprise avec la collaboration de M. Paul de Rouville, et à la demande du Conseil général.

On sait quels changements ont eu lieu, aux différents âges du globe, dans les êtres organisés de toute sorte qu'il a eus pour habitants, ainsi que dans la distribution des mers, des îles ou des continents. Notre pays a conservé, dans plusieurs de ses formations géologiques, des preuves nombreuses de ces bouleversements. Les dépouilles des nombreuses et anciennes populations d'animaux et de plantes propres aux premiers âges du globe s'y retrouvent aussi en grand nombre. La science sait maintenant les décrire avec autant de détails et de précision que s'il s'agissait des espèces aujourd'hui existantes.

La plus grande partie de ces restes d'animaux antédiluviens qui ont été mis sous les yeux du public étaient extraits des riches collections de la Faculté des sciences. Ils appartenaient, pour la plupart, à des mammifères des genres mastodonte, paléothérium, anoplothérium, hyénodon, hyénarctos et ptérodon, dont les uns constituaient des carnivores égaux ou supérieurs en dimensions aux ours actuels, aux tigres et aux hyènes, et dont les autres étaient de grands herbivores très-différents des herbivores d'à présent. D'autres étaient de l'espèce de ces reptiles gigantesques qui ont peuplé le globe avant la venue des mammifères dont il vient d'être question. Il y avait encore des pièces remarquables appartenant à la classe des poissons et provenant de toute la série des formations géologiques.

Auprès de ces curieux débris des anciens habitants de notre planète étaient rangées un grand nombre d'autres pièces appartenant aussi à l'embranchement des animaux vertébrés, et beaucoup de coquilles fossiles, ainsi que des crustacés, des polypiers, etc., d'espèces également éteintes. Nous signalerons dans ces diverses catégories un fragment de bois de renne fossile, trouvé auprès de Cesseras, dans la grotte d'Aldène, par M. Tailhades ;—des ossements du mastodonte brévirostre, découverts auprès d'Abeilhan (Hérault) par M. Blay ; — une grande tête d'ours, des environs de Ganges, ainsi que des coquilles néocomiennes, du même lieu, par M. Boutin ; — une intéressante série de coquilles jurassiques de l'Aveyron, exposée par M. Argeliez et acquise par la Faculté des sciences ; — une jolie suite de roches et de fossiles, des environs du Vigan, appartenant à M. Jeanjean, de Saint-Hippolyte ; — la collection complète des insectes fossiles d'Aix, que possède notre collègue, M. Marcel de Serres ; — des ammonitidés d'espèces rares ou nouvelles, recueillis dans les dépôts néocomiens des Basses-Alpes, par M. le docteur Reynès, — et des empreintes fort bien conservées de plusieurs espèces végétales tirées des marnes calcaires d'Armissan (Aude). Ces dernières nous ont été remises par M. l'abbé Cussol.

La paléontologie humaine avait, de son côté, fourni quelques objets rares, entre autres des haches en jade, couteaux en silex, pointes de flèche de la même substance ou en os, travaillés par les premiers hommes qui ont habité notre pays. Les haches sont semblables, pour la forme et pour la substance dont elles sont formées, à celles dont se servent encore de nos jours les indigènes de l'Océanie ; les couteaux ont la même forme que ceux qu'on découvre, mêlés aux ossements des mammifères éteints, dans les grottes de la Sicile, dans plusieurs parties de la France, en Belgique, en Ecosse, etc. ; les pointes de flèche et les stylets, également en silex, sont remarquables par la netteté d'autant plus curieuse de la taille, qu'à cette époque, dont l'histoire n'a pas gardé le souvenir, l'homme ne savait point encore exploiter les métaux. En effet, nous avons affaire ici à l'industrie de cette époque primitive des sociétés humaines à laquelle on a donné le nom d'âge de pierre. Les instruments dont nous venons de parler, comme ayant figuré à l'Exposition, ont été trouvés aux environs de Clermont-l'Hérault, dans la caverne à ossements d'ours, d'hyènes, de panthères, de grands lions, etc., de Mialet, et dans la grotte de la Roque, auprès de Ganges. Il en a été recueilli d'analogues dans la caverne à ossements de rhinocéros du Pontil, près de St-Pons, et dans plusieurs autres localités. Pour donner plus d'intérêt à ces documents ethnographiques d'une autre époque, nous avions fait placer dans la même salle un grand nombre d'armes et d'instruments divers recueillis dans l'Océanie, et qui donnent une idée de l'état si peu avancé dans lequel sont encore les populations de cette partie du monde qui n'ont pas été transformées par la civilisation européenne. La Faculté des sciences les doit à feu M. l'amiral Bérard, de Montpellier, qui joignait aux qualités du marin un amour de la science qui ne s'est jamais démenti.

Ce n'est pas pour donner satisfaction à l'instinct naturel de la curiosité que les gouvernements forment à grands frais ces interminables collections d'histoire naturelle qui servent de base à l'enseignement de cette branche des connaissances humaines, et c'est également sous l'inspiration d'un sentiment plus élevé que tant d'hommes risquent leur vie pour aller dans toutes les régions du globe en recueillir les éléments. En outre des notions qu'elles fournissent à la science pure et des jouissances qu'elles procurent à l'esprit, les collections nous mettent chaque jour sur la voie d'utiles applications, industrielles ou agricoles, des productions fournies par les trois règnes de la nature. A chaque instant, nous entrevoyons un nouvel usage des objets qu'elles nous montrent. L'alimentation publique doit aux recherches des naturalistes un nombre considérable de substances; l'agriculture y trouve l'indication de nouveaux produits, et l'industrie a recours à ses observations pour se procurer dans les différentes parties du monde les matières premières dont elle opère la transformation. Ainsi s'explique l'intérêt qu'excitent en tous lieux et dans toutes les classes de la société les collections relatives à l'histoire naturelle. A ce titre, le règne animal, envisagé dans l'ensemble de ses espèces de toutes classes, méritait aussi d'être représenté à notre Exposition.

Les mammifères qui vivent dans la région du Sud-Est, et diverses espèces exotiques appartenant à la même classe, y donnaient une idée de ce groupe d'animaux dont les espèces sont, les unes si utiles, les autres au contraire si nuisibles. Il y avait aussi de curieux oiseaux, les uns propres au pays, les autres étrangers. M. WESTPHAL-CASTELNAU avait extrait de sa nombreuse collection erpétologique toutes les espèces de reptiles propres à la France, ainsi que les plus curieux spécimens de ses reptiles exotiques, et il y avait joint des pièces anatomiques montrant les principaux détails ostéologiques de ces curieux animaux. M. Doûmet avait apporté, outre quelques mammifères et oiseaux fort curieux, la série complète des poissons que l'on pêche à Cette, et un genera conchyliologique représenté par les plus belles coquilles de son riche Musée. L'embranchement des animaux articulés avait aussi fourni son contingent, soit en crustacés appartenant à la Faculté des sciences ou à M. Doûmet, et soit en insectes préparés par M. DAUBE et surtout par M. CHABRIER.

La pisciculture avait aussi sa place marquée, et j'avais fait monter, dans la salle où figuraient tous les objets que je viens de citer et beaucoup d'autres encore que je suis, bien malgré moi, forcé de passer sous silence, l'appareil qui a servi aux essais entrepris dans le laboratoire de zoologie de la Faculté des sciences, sur la demande du Conseil général de ce département. J'ai l'espoir que les essais relatifs à l'élève des saumons qui ont été faits à l'Exposition, et qui ont marché pendant quelque temps, malgré les conditions difficiles d'une pareille installation, auront initié le public à la pratique de cet art nouveau, dont on pourrait retirer de si grands avantages.

200,000 œufs de la fera, espèce fort estimée des lacs de la

Suisse, ont été semés dans la rivière du Lez. De l'alevin de truite ordinaire, de grande truite des lacs, d'ombre chevalier et de saumon du Rhin, éclos dans mon laboratoire, d'œufs expédiés par l'établissement d'Huningue, a été répandu dans le Lez et dans la Mosson ou placé dans différents bassins, et j'ai pu porter à l'Hérault près de 20,000 jeunes saumons du Rhin, nés aussi à Montpellier de 1858 à 1860.

Je ne répondrais pas à votre intention, Messieurs, si je ne disais aussi quelques mots sur la charmante Exposition horticole qui a eu lieu pendant une partie du mois de mai. Chacun de vous a admiré les beaux groupes de pelargoniums, de geraniums, de calcéolaires, d'azalées, de verveines, de petunias, d'orangers, de cactées, de conifères et de beaucoup d'autres plantes d'ornement envoyées par différents amateurs et par nos principaux fleuristes-pépiniéristes. MM. Barthez, Jules Bazille, Costecalde, Hortolès, Dussaut, Francke, Laforgue, Lamouroux, Marqui, etc., avaient pris part à ce Concours, et les beaux envois de M. Doûmet, ainsi qu'un choix des plus remarquables végétaux empruntés aux serres du Jardin des Plantes de Montpellier, rehaussaient encore l'éclat de cette gracieuse exhibition végétale.

Des médailles, auxquelles ne prétendaient ni le Jardin des Plantes, qui est un établissement public entretenu aux frais de l'État, ni M. Doûmet, qui avait préféré le titre de président du Jury à celui de lauréat, ont été décernées aux exposants le jour de la distribution des prix du Concours agricole. M. Doûmet a bien voulu proclamer lui-même, dans la solennité que je viens de rappeler, les noms des vainqueurs de cette lutte, aussi profitable aux intérêts de la botanique savante qu'à ceux de l'horticulture, qui en est une des plus intéressantes applications.

Auprès de toutes les jolies plantes, presque toutes en fleurs, qui ont été admises au Concours, on avait placé des fruits, des légumes, quelques graines d'espèces utiles encore peu répandues, la série des blés cultivés dans ce pays, les bois d'espèces indigènes ou apportées qu'on y cultive, de charmants bouquets, des imitations de champignons et d'autres articles non moins curieux.

M. Barrandon, qui s'occupe avec succès de la flore de nos environs, avait également mis sous les yeux du public une partie des intéressants documents qu'il a recueillis et qu'il se propose de publier prochainement.

Le nombre des exposants pour la partie botanique aurait pu, sans nul doute, être plus considérable qu'il ne l'a été ; mais le résultat de cette Exposition n'en a pas moins été excellent, et déjà il est question de fonder à Montpellier, sous la présidence de l'honorable M. Doûmet, une Société d'horticulture analogue à celle que possèdent différentes villes. Une pareille association trouvera parmi vous tous les éléments du succès.

CHAPITRE III

BEAUX-ARTS

Aux Expositions de l'industrie et des produits naturels, dont nous venons de vous rendre compte, était annexée une Exposition des beaux-arts, qui va également donner lieu à une distribution de récompenses consistant en propositions spéciales faites à l'Administration, en médailles d'or, d'argent ou de bronze, et en mentions honorables. Cette Exposition des beaux-arts avait été installée dans la salle des Concerts, disposée à cet effet par les soins d'une Commission présidée par M. Vionnois, juge au tribunal civil. Dans un rapport motivé, M. Cros, l'un des membres du Jury chargé de faire l'appréciation des œuvres exposées et de décerner les récompenses, a rendu compte de cette partie de nos Expositions. C'est sur son rapport que le Jury a rendu ses décisions. Je vais avoir l'honneur de vous en donner un résumé, que je dois à M. Cros lui-même. La lecture de ces observations terminera cette appréciation générale et sommaire des Expositions industrielle, scientifique et artistique de Montpellier.

L'Exposition des beaux-arts a trouvé un accueil sympathique. Nous avons été tous témoins de l'empressement avec lequel le public est accouru dans nos galeries, de l'intérêt soutenu qu'a excité cette Exposition. Les nombreux visiteurs qu'elle a reçus n'y ont pas tous été attirés par un simple sentiment de curiosité; pour le plus grand nombre, ces visites réitérées à nos galeries ont eu pour mobile un sentiment plus élevé et bien plus louable à nos yeux, celui qu'inspirent l'amour du beau et l'étude de l'art dans ses applications diverses.

C'est que, nous pouvons le dire hautement, l'Exposition régionale des beaux-arts de Montpellier s'est révélée d'une façon très-remarquable.

Vous avez tous admiré, Messieurs, cette précieuse exhibition d'objets d'art, dus aux époques qui nous ont précédés, que les organisateurs de l'Exposition avaient groupés au centre de la grande galerie.

Il y avait là des bronzes, des ivoires, des émaux, des porcelaines et des objets de curiosité de toutes sortes et de tous genres, la plupart du plus grand prix, tous également remarquables, les uns par leur origine, les autres par leur caractère ou la beauté de leur exécution.

Sagement divisée en deux parties bien distinctes, l'une comprenant les tableaux anciens envoyés par les amateurs de la région, l'autre les tableaux modernes venus directement des ateliers des artistes, la peinture a dignement soutenu l'éclat de cette solennité artistique.

Nous ne répondrions pas que, parmi le grand nombre de tableaux anciens admis à l'Exposition, il ne se fût glissé quelques ouvrages apocryphes; mais, du moins, avons-nous la satisfaction de pouvoir dire et affirmer qu'à part quelques exceptions on n'a vu à l'Exposition que de bons tableaux, au nombre desquels les connaisseurs ont pu compter plus d'un chef-d'œuvre.

Les limites imposées à cette revue générale de l'Exposition ne nous permettant pas de faire ici l'énumération de tout ce qui a été justement réputé tel, qu'il nous suffise de rappeler, comme œuvre hors ligne de l'Ecole anglaise, le beau paysage de Wilson;— des Ecoles flamande et hollandaise, l'*Ecce homo* de l'illustre Van-Dick, les fruits et les fleurs d'Abraham Mignon; — de l'École française, les œuvres de Bourdon, de Raoux, de Valentin, de Prudhon; — et enfin de l'Ecole espagnole, le magnifique portrait de saint François de Borgia, par Jean de Joanès, dont la Ville, sur l'avis du Jury des beaux-arts, a fait l'acquisition pour le Musée Fabre.

Les tableaux envoyés à l'Exposition par les artistes vivants n'offraient pas moins d'intérêt que ceux des anciens peintres. Si la peinture historique y a fait à peu près défaut, il ne faut en accuser que les tendances générales de l'art à notre époque. Les grandes toiles et les sujets religieux n'étant guère achetés que par l'État, qui souvent même, pour la décoration de ses monuments, a recours à des peintures murales, il en résulte une déviation naturelle dans le courant des études, et surtout dans l'application, qui fait qu'aujourd'hui les artistes se vouent de préférence à la peinture de genre et au paysage.

Pour cette partie secondaire de la peinture, l'Exposition de Montpellier a recueilli d'unanimes suffrages. Des artistes des plus distingués de Paris et des départements étrangers à la région ayant bien voulu répondre à l'appel qui leur avait été fait, nous avons pu voir, auprès des ouvrages de nos peintres méridionaux les plus en renom, des tableaux signés par nos premiers maîtres. Heureux assemblage d'œuvres remarquables, venues ainsi de tout côté pour concourir à la splendeur de notre Exposition.

Quelle que soit la réserve que nous commande la nature de cet exposé, il nous sera bien permis de constater ici, en quelques mots, avec quel élan, quelle bonne volonté, les artistes de la région et ceux des départements voisins se sont associés à l'œuvre de décentralisation intellectuelle à laquelle chacun de vous a donné ses soins avec tant de zèle.

C'est même un hommage que nous aimons à rendre à la ville de Nîmes. Les beaux-arts germent dans son sein et y sont en honneur. Aussi avons-nous compté, à notre Exposition, un grand nombre d'exposants nîmois, tous pour la plupart artistes de grand talent. L'un d'entre eux, M. FELON, a été jugé digne de la récompense de premier ordre qu'a eu à décerner le Jury.

Le département de Vaucluse n'est pas resté en arrière ; les artistes avignonnais nous ont envoyé de charmants tableaux de genre, de bons paysages ; plusieurs ont obtenu des récompenses dans le Concours régional.

Les Bouches-du-Rhône se sont fait représenter à ce Concours par la phalange des artistes marseillais, parmi lesquels il faut nommer M. DURANGEL, peintre, auquel le Jury a décerné une médaille d'or.

L'Hérault, tout en conservant son rôle hospitalier envers ses voisins, n'en a pas moins tenu dignement sa place ; et, grâce au talent éminent d'un artiste qui lui appartient par sa naissance, ses fonctions et ses travaux, c'est la ville de Montpellier qui a eu l'honneur de recueillir la plus belle part de gloire dans cette lutte pacifique, en la personne de M. MATET, un de ses enfants, dont le tableau, *la Convalescente en prière*, a été acheté pour le Musée Fabre, comme récompense accordée à l'auteur.

Enfin, Messieurs, pour n'oublier aucune des contrées de la région, nous dirons que toutes ont dignement répondu à notre appel, et que, dans ce tournoi artistique ouvert au sein de notre cité, les vaillants champions venus de tous les points où notre voix a pu se faire entendre se sont rendus dignes des distinctions et des couronnes décernées à leur talent.

En dehors de la région, il est juste de citer, comme ayant plus particulièrement répondu à notre invitation, les artistes parisiens, dont les œuvres figuraient en grand nombre dans une de nos galeries de peinture, et les artistes lyonnais, pour leurs envois de remarquables tableaux de fleurs et de fruits, genre préféré de l'École lyonnaise.

Dans la section des dessins, le Jury a signalé aussi des œuvres fort remarquables. Les fusains de M. Appian, de Lyon, ceux de M. Valette, de Castres, et les aquarelles de M. Laurens aîné, de Montpellier, réclament une mention toute spéciale.

La sculpture a eu sa belle part dans le succès des exposants : elle était pleine de mérite et de talent. L'un d'eux, M. Baussan, de Montpellier, a mérité la médaille d'or par l'ensemble de ses ouvrages.

Enfin l'architecture a trouvé, parmi les exposants, d'heureux interprètes. Plusieurs ont été distingués.

En un mot, dans toutes les branches, l'Exposition des beaux-arts a été des plus remarquables, et il faut remercier les magistrats honorables que la confiance de l'Empereur a placés à la tête de notre beau pays, du zèle et du dévouement qu'ils ont mis dans l'accomplissement de cette œuvre artistique, digne complément de nos Expositions scientifique et industrielle.

EXPOSITIONS DE MONTPELLIER

POUR 1860

LISTE DES LAURÉATS

INDUSTRIE

—

GRANDE MÉDAILLE D'HONNEUR DE L'EMPEREUR

M. FAULQUIER CADET, à Montpellier : bougies stéariques et savon.

—

1re Section. — MACHINES, MATÉRIEL ET OUTILS

Médailles d'or

MM.
VEILLON, constructeur de machines, à Alais
FORMIS (Benoît), *idem*, à Montpellier.

Rappel de médaille d'or

MOITESSIER, à Montpellier : pour son abrégé pneumatique.

Médailles d'argent

BAILLEUX, à Marseille : presse à foin.
MARIGNAN et Ce, à Nîmes : pétrins mécaniques.
CARLES, à Nîmes : machine à filer.
MAISTRE, à Villeneuvette (Hérault) : métier à tisser.
VIDAL (Mentor), à Mèze : hache de tonnelier.
SEHET, à Lodève : collection de plaques et rubans de carde.

Médailles de bronze

MM.

LUQUES, à Lodève : pour son régulateur à mouvements différentiels.

BAILLY, à Montpellier : machine à régler le papier.

REY, à Montpellier : machine à vapeur à haute pression.

DUPY, à Montpellier : moulin à triturer les olives.

FANGUIN, à Codognan (Gard) : essieux de charrette.

CHALMETON, à Bességes : waggon de mine.

GARY, à Trèbes : pour essieux bruts et fers forgés.

FAGES, à Montpellier : pour sa boîte à graisser.

DELORT, au Grand-Gallargues : hache de tonnelier et herminette.

CANNAC, à St-Gervais : clous de maréchal et rivures.

BERNARD, aux Osnières : *idem* et canmartel.

Mentions honorables

CAUVY, à Montpellier : moteur électro-magnétique.

LEBRETON, à Cette : *idem.*

CAYROL, à Montpellier : appareil de décrochage.

FARGUES, à Lodève : navettes à tisser en bois.

DEZEUZE, à Montpellier : essieu de voiture.

SANK, à Alais : outils de mineur.

AMADE, à Cavaillon : *idem.*

EXPOSANTS HORS DE LA RÉGION

Médaille d'or

CALLEBAUT, à Paris : machines à coudre.

Rappel de médaille d'or

BOUILLON-MULLER, à Paris : appareil pour le blanchissage du linge.

Médaille d'argent

MOLIÈRE, à Lyon : machine à coudre.

Rappel de médaille d'argent

CHARLES, à Paris : appareils divers de ménage.

Médaille de bronze

DENJEAN, à Toulouse : machine à couper le papier.

Mentions honorables

MM.

DOMERQ, à Barcelone : application du système du tourne-broche au mouvement d'une pompe à eau.

AUGÉ, à Auxerre : treillages en bois de chêne.

2me Section. — POMPES, VENTILATEURS ET APPAREILS DIVERS

Médailles d'argent

MM.

GODIN-LEMAIRE, à Guise : fourneaux-cuisiniers.

BRUN, à Lyon : forge portative.

Rappel de médaille d'argent

FAFEUR, à Carcassonne : collection de pompes de diverses formes.

Médailles de bronze

GARDET, à Nîmes : calorifères.

ROBERT, à Montpellier : perfectionnement du soufflet de forge.

COQUINET, à Nîmes : pompe à vidange.

AFFRE, à Lyon : simplicité de sa pompe à double effet.

Mentions honorables

MERCAURET, à Sauve : soufflet de forge.

BELICART, à Paris : fausset hydraulique.

CHARMES, à Montpellier : soufflet à injecter le soufre.

VIDAL, à Mèze : pompes.

JAMBON, à Montpellier : éprouvette.

3me Section. — MENUISERIE, SERRURERIE, MODÈLES ET OBJETS DE TOUR

Médailles d'argent

MM.

BAILLAC, à Mèze : chaire à prêcher.

GAUD, à Montpellier : travaux de serrurerie.

SERVEL, à Montpellier : grille en fer.

CAIROL, à Montpellier : système d'espagnolettes pour croisées.

Médailles de bronze

MM.

OLIVET, à Montpellier : ouvrage de menuiserie.

DUCAMP, à Uzès : parquets.

SAUVE et MAGAUD, à Marseille : coffres-forts.

Mentions honorables

EVETTE, à Montpellier : ouvrage de menuiserie.

SERVOLE, à Perpignan : divers modèles de tours.

KALIL et FOURNIER, à Marseille : coffres-forts.

EXPOSANTS HORS DE LA RÉGION

Médaille de bronze

MAYBAN et BASTIDE, à Toulouse : parquets.

4me SECTION. — MÉTAUX OUVRÉS, ORFÉVRERIE ET BRONZES D'ART

Médaille d'or

MM.

BOUÉ, à Montpellier ; produits en fonte de toute nature.

Médailles d'argent

MAUREL, à Marseille : fontes en cuivre et en bronze ; perfectionnement de la fonte des cloches.

CUSSON, à Montpellier : relevures en cuivre.

Médailles de bronze

AUBERT, à Montpellier : relevures en cuivre.

LALLEMAND et BRUN, à Montpellier: système de couvertures en zinc.

GUY, à Montpellier : perfectionnement apporté à la lampe à schiste.

Mentions honorables

BOUTHIER, à Montpellier : perfectionnement apporté à la lampe à schiste.

BOUILLON fils, à Béziers : chaudrons.

PELLET, à Montpellier : crin en ivoire tourné.

DE BEAUFORT, à Nissan : ivoires tournés.

EXPOSANTS HORS DE LA RÉGION

Hors concours

MM.

MÈNE, de Paris; CAIN, de Paris; MOIGNEZ, de Paris : pour leurs bronzes d'art.

Médaille d'or

DURENNE et ZEGUT, à Sommevoire (Haute-Marne) : fontes ouvrées.

Rappel de médaille d'honneur

BARBEZAT, au Val-d'Osne (Haute-Marne) : fontes ouvrées.

Rappels de médaille d'or

VILLARD, à Lyon : fontes ouvrées, fleurs en tôle.
HOLTZER, à Unieux : cloche en acier fondu.
CHRISTOFLE (Ch.) et Cie, à Paris : orfévrerie.

Rappel de médaille d'argent

MALHER père et fils, à Toulouse : cuivres martelés et en planche.

Médaille de bronze

CARAYON, à Durfort : chaudières, chaudrons, bacs.

Mention honorable

GELLET, à Paris : chocolatières de ménage.

5me Section. — INSTRUMENTS DE PHYSIQUE ET DE PRÉCISION

Médailles d'or

MM.

COMPAZIEU (Philippe), à Montpellier : travaux d'horlogerie; balancier compensé par le zinc.

SAGNIER, à Montpellier : instruments de pesage.

Rappel de médaille d'or

CATENOT-BÉRANGER, à Lyon : divers instruments de pesage.

Médailles d'argent

MM.

OUVIÈRE, à Marseille : cosmographe.

CROVA et DELHAUMEAU, à Perpignan : pile électro-économique.

Médailles de bronze

COMPAZIEU (Urbain), à Marseille : travaux d'horlogerie.

CURE, à Montpellier : travaux d'horlogerie.

JEANBON, à Montpellier : décalitre.

Mentions honorables

CASTANIER, à Lunel : appareil à calibrer les verres de montre.

BARBAROUX, à Aix : balances-bascules.

PARET, à Montpellier : perfectionnement des romaines et bascules.

FAUGIER, à Nîmes : robinets mesureurs.

BARBIER, à Paris : mètres à ressort.

6me Section. — ARMES, INSTRUMENTS DE CHIRURGIE, BANDAGES ET COUTELLERIE

Médaille d'or

MM.

BADIN, à Toulouse : divers perfectionnements apportés dans les bandages et appareils.

Médailles d'argent

PRETERRE, à Paris : prothèse dentaire.

DARETTE, à Montpellier : objets de coutellerie et instruments de chirurgie.

OLIVER, à Marseille : mèches pour les mines.

Médailles de bronze

BOURDEL, professeur agrégé à la Faculté de médecine de Montpellier : forceps remarquable par ses petites dimensions.

VIGNE, à Beaucaire : instrument pour bourleter les cartouches.

SABATIER, à Montpellier : sécateur de campagne, divers instruments de chirurgie et de coutellerie.

LYONNET, à Toulouse : armes à feu.

DUVIGNEAU, à Agen : appareil propre à guider la main des aveugles qui écrivent.

MM.

POUDEROUX, à Montpellier : perfectionnement apporté dans la confection des porte-voix.

PARLONGUE, à Montpellier : dentiers.

Mentions honorables

BAUDASSÉ, à Montpellier : sondes dilatantes.

DUMAS, bandagiste, à Montpellier : bras artificiel remarquable par la simplicité du mécanisme.

LANC (Jacob), à Alais : aiguille quadrilatère.

7me SECTION. — INSTRUMENTS DE MUSIQUE ET FABRICATIONS ACCESSOIRES

Médaille d'or

BAUDASSÉ-CAZOTTES, à Montpellier : cordes harmoniques.

Rappels de médaille d'or

AUCHÉ frères, à Paris : pianos droits.

MARTIN (Paul), à Toulouse : *id.*

SIMONIN (Charles), à Toulouse : instruments à corde.

Médailles d'argent

BONIFAS, à Montpellier : pianos droits.

MAURY et DUMAS, à Nîmes : *id.*

MOITESSIER, à Montpellier : *id.*

PARIS fils, à Nîmes : *id.*

Médailles de bronze

COLMAR (Pierre), à Montpellier : orgue à tuyaux.

RODOLPHE (Alphonse), à Paris : harmonium.

8me SECTION. — IMPRIMERIE, PHOTOGRAPHIE, DESSIN ET RELIURE

Médaille d'or

M. CANQUOIN, à Marseille : chromolithographies.

Médailles d'argent

MM.

GRAS, imprimeur, à Montpellier: épreuves de gravures sur bois; spécimens d'impressions en noir et en couleur.

BOEHM, à Montpellier : impressions, lithographies et chromolithographies.

ARLES, à Montpellier: lithographies.

PAPI, à Bastia : album calligraphique.

HUGUET-MOLINES, à Montpellier: photographies.

Médailles de bronze

FABIANI, à Bastia: impressions typographiques.

DEVILLARIO, à Carpentras: *id.*

CRESPON, à Nîmes: photographies.

MARTIN (Charles), à Montpellier: *id.*

THOBERT, à Marseille: *id.*

GOUT fils, à Montpellier : reliures.

BENEZECH, à Montpellier : registres.

GIRARDOT, à Montpellier : lettres et attributs.

Mentions honorables

GUEIDON, imprimeur typographe à Marseille: éditeur du *Plutarque provençal.*

CHAPÉ (Auguste), à Perpignan : lithographies.

VIÉ, à Carcassonne : photographies.

FROMENT, à Cette: *id.*

PAGEOT, à Cette: registres.

BEAUVILLE, à Carcassonne: marbres imités.

9me Section. — MARINE, CONSTRUCTIONS NAVALES ET CORDERIE

Médaille d'or

MM.

MICHEL, à Cette : pour services rendus dans les constructions navales, modèle d'un dock flottant, locomobile.

Médailles d'argent

MM.

AZIBEN fils, à Gruissan : cordages de marine.
SAINTPIERRE fils aîné, à Montpellier : cordages.

Médailles de bronze

LACOMBE-BERGERET, à Tonneins : fil à voile.
CAVAYÉ, à Montpellier : ceinture en caoutchouc.

10me Section. — CÉRAMIQUE, VITRAUX, MARBRERIE

Médailles d'argent

MM.

REYNES (Pierre), à Montpellier : tuiles, briques, etc.
AVRIAL fils, à Trèbes : carrelages.
CORDET et POCHEVILLE, à Nîmes : stucs.
GASPARD (François), à Avignon : goudron, asphalte.
Compagnie USQUIN, du Bousquet-d'Orb : verrerie.
BRUNET (Fulcrand), à Montpellier : vitraux peints.

Rappels de médaille d'argent

VIREBENT, à Toulouse : objets en terre cuite.
GESTA, à Toulouse : vitraux.

Médailles de bronze

GIOVANI-PAECHINA, à Béziers : mosaïques.
GUIRAUD (Antoine), à Trèbes : carrelages.
GUIRAUD fils, à Trèbes : *id.*
De St-VICTOR, à St-Victor-des-Oulles : briques réfractaires.
COULARD (Henri), à Aiguesvives : tuiles plates.
CARLES, à Sommières : pavages en briques polychrômes.

Rappels de médaille de bronze

LAPLANQUE et CONNAC, à Toulouse : statues en terre cuite.
MAUVERNAY, à St-Galmier ; vitraux peints.

Mentions honorables

JOUILLIÉ, à Montpellier: poterie et vases.
SARRASIN, à Montpellier : poterie et terre cuite.
BOISSET (Louis), à Anduze: *id.*
BOISSET-RODIER, à Anduze: *id.*
ALBE (François), à St-Jean-de-Fos: gamelles vernies.
FABRE, à Barroux (Vaucluse): briques crues.
DELAGAYE, à Montpellier: vitraux.
GUISOT et DURIF, à Marseille: goudron.
DAVID (Laurent), à Montpellier : briques réfractaires.
COULET (André), à Montpellier : grands vases.

11me SECTION. — PRODUITS CHIMIQUES

Médailles d'or

MM.
BÉCHAMP, professeur, à Montpellier : aniline et sels d'aniline.
MERLE et Cie, à Salyndres, près Alais : sel de soude.

Médailles d'argent

BÉRARD et fils, à Montpellier : produits chimiques.
BERTRAND, à Montpellier : crême de tartre, verdet.
BONNAFOUS, à Marseille : *id.*
CAZALIS, à Montpellier : *id.*
GELAS et GUY, à Lyon : bougies stéariques.
ROUX, à Marseille : savons marbrés.
THOMAS frères, à Avignon : produits divers de garance.

Rappel de médaille d'argent

RIGAL, à Toulouse : couleurs broyées à l'huile.

Médailles de bronze

VERNET (Joseph), à Poussan : produits chimiques, sulfate de fer, soufre et éther.
MILHAU, à Marseille : savon.
PRIVAT, à Lodève : savon mou.
BOUSQUET, à Cette : carbonate de potasse extrait des eaux de suint.

MM.
COURRIEU, à Gignac : verdet.
LACROIX, à Montpellier : *id.*
PERROT, à Montpellier : verdet cristallisé.
CAVALIER frères, à Grasse : essences et escoubettes.
CAVALIER, à Montpellier : essences et parfumeries.
PLANCHON, à St-Hippolyte : colles fortes.
VERNET, à Poussan : alcools rectifiés.
LAJEUNE (P.-Marcel), à Paris : blanc de fard végétal et parfumerie.

Rappels de médaille de bronze

RAYNAL, à Narbonne : verdets.
BERENGER, à Grasse : essences.
FOURNES, à Carcassonne : amidon.

Mentions honorables

BELUGOU, à Montpellier : produits chimiques.
CROS, à Gignac : chandelles épurées.
LAVAYSSE, AMIEL et NÈGRE, à Gignac : savon mou.
SAUTEL, à Montpellier : crême de tartre.
LIOTIER, à Gulas (Vaucluse) : bois de teinture.
PUEL, à Béziers : teintures diverses.
BERNARD, à Limoux : sumacs.
PASCAL, à Prades : essences.
VIDAL, à Montpellier : procédé pour blanchir les dentelles.
VICAT, à Marseille : insecticide.
LES PROPRIÉTAIRES RÉUNIS, à Montpellier : soufre.
LENADIER, à Poussan : enduit hydrofuge.

12me Section. — CUIRS ET PEAUX TANNÉES

Médailles d'or

MM.
VERNIÈRE (Stanislas), à Aniane : assortiment complet de peaux.
ROQUES (Antoine), à Montpellier : spécialité de peaux de mouton du pays.

Médailles d'argent

PLANES, à St-Pons : vaches lissées.

AMANS (André), à St-Chinian : spécialité de peaux de mouton du pays.

GALTIER (Victor), à Clermont-l'Hérault : moutons et maroquins corroyés.

LIQUIER fils aîné, à Clermont-l'Hérault : peaux de mouton paille et jaune.

JOULLIÉ (Mathieu), à Aniane : peaux de veau de toute qualité.

LARGUÈZE fils aîné, à Montpellier : cuirs et peaux.

Rappel de médaille d'argent

GAYRAUD aîné, à Narbonne : cuir à la garouille.

Médailles de bronze

MM.

LARRAYE-JAUVAIL, à Narbonne : cuir à la garouille.

ESCOFFIER, à Carpentras : cuir noir et blanc.

GIRAUD père et fils, à Aniane : veaux cirés et blancs.

MICHEL (Georges), à Aniane : veaux tannés.

THIBAUD (Mathieu), à Montpellier : tiges de botte en veau.

Veuve GAILLARD-GAXIEN, à Limoux : veaux roux.

ROQUES (Pierre), à Clermont-l'Hérault : peaux de mouton paille et jaune.

ANINAT (Joseph), à Clermont-l'Hérault : *id.*

BIOU (Casimir), à Bédarieux : peaux de mouton couleurs assorties.

HÉRAND (Noël), à Montpellier : tannerie et corroierie.

POUJOL (Antoine), à Montpellier : peaux paille, jaune, etc.

CROS (Victor), à Clermont-l'Hérault : confection de paumelle, outils de corroyeur.

EXPOSANTS HORS DE LA RÉGION

Médaille d'argent

ALDEBERT (Lucien), à Milhau : veaux cirés.

Médaille de bronze

LESSENCE, à Bordeaux : vachettes étrangères en roux.

13me Section. — SUBSTANCES ALIMENTAIRES ET PRODUITS PHARMACEUTIQUES

Médaille d'or

MM.

CAIZERGUES (Auguste), à Montpellier : fruits confits et glacés, bonbons variés.

Médaille d'argent

BELUGOU frères, à Montpellier : opium et lactucarium indigènes.

Rappel de médaille d'argent

BOYER et HEIL, à Gignac : olives, truffes et câpres conservées.

Médailles de bronze

AUGIER et BARTHÉLEMY, à Bollène (Vaucluse) : huile de ricin.

MATTE (Jules) fils aîné, à Montpellier : chocolats.

FOUQUES (Ferdinand), à Montpellier : chocolats.

LAMOUROUX (Léopold), à Montpellier : fruits glacés.

FOURNEL (Frédéric), à Montpellier : fruits, sirops, confiserie de décoration.

SAUMADE frères, à Montpellier : bonbons et dragées à bas prix.

EYBERT fils, à Montpellier : monument en sucre.

CAFFARELLI, à Bastia (Corse) : pâte d'Italie.

DAVID (François), à Cette : anchois en saumure.

BERGERET et SEGUIN, à Nîmes : imitation de Grande-Chartreuse.

Mentions honorables

AUBELLE, MAINEVAL et Ce, à Dijon : jambons et saucisses.

BERT (Raymond), à Perpignan : chocolats.

FOSSATY (Joseph), à Perpignan : chocolats.

PRAX (Louis), à Perpignan : fruits glacés et pâte d'abricot.

ANGELVIN, à Marseille : tableau en sucre.

EYBERT (Auguste), à Nîmes : *id.*

CHASSEFIÈRE, à Montpellier : marasquin.

SALIÈRES et CARBON, à Carcassonne : élixir de la montagne Noire.

SALANON, à Avignon : élixir digestif.

ROUX, à Redessan (Gard) : kirch-waser.

BONZOM (Clément), à Perpignan : bière façon Bavière.

GRELLET, à Montpellier : vinaigres.

FAGES, à Montpellier : boissons gazeuses.

14me Section. — LAINES, DRAPS, TAPIS ET COUVERTURES

Médailles d'or

MM.

MAISTRE frères, à Villeneuvette : draps et outillage.

VERNAZOBRES et fils, à Bédarieux : draps du Levant et d'intérieur.

Rappels de médaille d'or

MINGAUD père et SEIGNOUREL, à St-Pons: drap d'intérieur.

ROUSTIC (Prosper), à Carcassonne: draps nouveautés.

Médailles d'argent

JOURDAN frères, à Lodève : draps du Levant.

VITALIS frères, *idem :* draps nouveautés genre anglais.

PUECH, SALAVILLE et ANDRÉ, *idem*: draps oursons et couvertures,

BARBOT et FOURNIER, *idem :* draps de douane et pour manteaux de cavalerie.

DONNADILLE frères, à Bédarieux : draps nouveautés et du Levant.

MIQUEL aîné et fils, à St-Pons : draps nouveautés et castor.

AZAIS père et fils, *idem :* draps écossais avec la laine d'Algérie.

DAUMERON et DESCHAMPS, à Nîmes: reps, popeline et tapis de table.

GRANIER, CASTELNAU et Ce, à Montpellier : couvertures de laine pour l'exportation.

Rappels de médaille d'argent

BARTHÈS (Pierre), à Cenne-Monestier (Aude): draps nouveautés.

VEZIAN, LOMBARD aîné et Ce, à Limoux : draps nouveautés.

AUBANEL (Alphonse), TAVERNIER et Ce, à Sommières : peignes et outils perfectionnés.

Médailles de bronze

FLOTTES frères, à St-Chinian : draps du Levant.

ESTIMBRE et REVEL, *idem :* draps nouveautés.

PORTES (Louis), à Clermont-l'Hérault : draps du Levant.

ROUQUET, MARREAU et DEVAUX, à Clermont-l'Hérault: draps de troupe.

FAULQUIER et DEIDIER frères, à Lodève ; draps nouveautés.

MM.

LAVAGNE (H.), *idem:* chef d'atelier de filature.

JOURDAN frères, *idem : idem.*

ROUQUETTE, *idem:* chef d'atelier de teinture.

HYGOUNENC (Guillaume), à Bédarieux: déflochages.

FAJON (Charles), à Gemnos: laines peignées.

GAVOTY (Louis), à Toulon (Bouches-du-Rhône): tapis en feutre imprimés.

SIGNON et fils, à Riols : draps castor et nouveautés.

Rappel de médaille de bronze

RIGAUD (Jules), à Carcassonne: couvertures.

Mentions honorables

MARTIN frères, à Lodève : draps, molleton.

BIRE aîné, à Riols : draps de commerce.

SÈBES, à Saint-Chinian : draps nouveautés.

CRÉMIEUX père et fils, à Clermont-l'Hérault : tapis jaspé.

15me Section. — SOIES, LAINES, COTONS

Médailles d'or

MM.

BARRAL (Ch. et E.), à Ganges : soies ouvrées.

DELARBRE (veuve), née Dalbis, à Ganges : *idem.*

Médailles d'argent

BOUDET, à Uzès : soies ouvrées.

BRUGUIÈRE, à Ganges : soies ouvrées et articles de bonneterie de luxe.

CORSEL et Cie, à Sumène : soies ouvrées et machines à ouvrer et filer la soie.

LAURET frères, à Ganges : soies et articles de bonneterie de luxe.

Médailles de bronze

CARRIÈRE (Ferdinand), à St-André-de-Valborgne: soies gréges.

DUSSOL, à Sumène: article ganterie soie.

DOUYSSET et BANCILLON, à St-André-de-Sangonis: soies.

GUÉRIN neveu, LAGET et CABANIS, à Nîmes: articles de bonneterie et lacets.

MM.
LEBRUN et EUZET, à Montpellier : ouates.

MARTIN (Alfred), à Pont de l'Hérault et Gard : cardage et filature des déchets de soie.

MOUNIER et GARNIER, à Nîmes : soies à coudre.

CHAFFIOL, à Pompignan : velours.

16me Section. — BRODERIE, LINGERIE, CHAUSSURE ET CHAPELLERIE

Médailles d'argent

Mme VITOU mère, à Montpellier : lingerie.

Mlle SIMONET, à Montpellier : corsets de luxe.

Mme FONTAINE, à Montpellier : corsets divers.

MM.
BRAGER, à Montpellier : chapeaux.

CHARDON et DAUDET aîné, à Nîmes : foulards.

DELEVEAU (Barthélemy), à Nîmes : impression sur tissus.

Rappels de médaille d'argent

ROUX frères, à Montpellier : mouchoirs.

POIRIER (Pierre), à Châteaubriand : chaussures de chasse.

Médailles de bronze

GAY, à Montpellier : dessins pour broderies.

GÉLY (Victor), à St-Gervais : sarreaux brodés à la main.

Mlle BOLOMINI (Joséphine), à Montpellier : perfection de reprises sur tissus divers.

VIDAL (André), à Narbonne : tiges de brodequin.

LARGUÈZE, à Montpellier : fabrique de sabots.

VERGNES, à Montpellier : chaussures pour hommes et pour femmes.

GELIS, à Perpignan : formes articulées.

ROUX-LISSENCIER, à Montpellier : chapeaux de feutre.

TEISSIER et CALMELS, à Millau : gants.

Mentions honorables

FERRET, à Montpellier : broderies de baptême.

VITOU (Charles), à Montpellier : chemises pour hommes.

PAULET, à Montpellier : chemises pour hommes.

Mme LONGUET, à Montpellier : corsets élastiques.

17me Section. — CARROSSERIE, ARTICLES DE VOYAGE ET DE FANTAISIE

Médaille d'or

MM.
ROQUES et CAYREL, à Montpellier : calèche.

Médailles d'argent

TEISSON et WOLKHART, à Montpellier : calèche Victoria.
AMANS, à Montpellier : cabriolet Victoria.

Rappels de médaille d'argent

BARDOU (Joseph), à Perpignan : papier à cigarettes.
PIGNY, à Toulouse : articles de voyage.

Médailles de bronze

BOUISSEREN (J.), à Béziers : voiture calèche.
MABELLY, à Montpellier : voiture phaéton.
BARDOU (Jean), à Perpignan : papier à cigarettes.
VILLARET, à Clermont-l'Hérault : pipes balsamiques.

Rappel de médaille de bronze

ROUFFIA frères, à Perpignan : papier à cigarettes.

Mentions honorables

BRIEUDES et Ce, à Perpignan : papier à cigarettes.
CAUSSEMILLE jeune, à Marseille : papier à cigarettes et allumettes à la cire.
PUIG (Michel), à Perpignan : papier à cigarettes.
LABATIE, à Montpellier : papier à cigarettes.

18me Section. — AMEUBLEMENT, MODES, CONFECTIONS DIVERSES

Médaille d'or

M. SEGUY (Pascal), à Montpellier : meubles de luxe.

Rappel de médaille d'or

Mlle PITRAT, à Paris : fleurs artificielles.

Médailles d'argent

MM.

CABANEL frères, à Montpellier : meubles de luxe.

BERNASSAU, à Nîmes : billard avec table en ardoise.

COULAZOU, à Montpellier : ornements d'église.

GASC (Justine), à Fa (Aude) : dentelles.

Rappels de médaille d'argent

BRUNET (Marguerite), à Limoux : dentelles.

CONTE, à Toulouse : tournerie, siéges.

HASSE, à Lyon : grand choix de fourrures.

FERGUSSON, à Paris : dentelles.

FOURNET frères, à Toulouse : fauteuils mécaniques.

Médailles de bronze

LURAC, à Montpellier : fourrures.

DELMAS fils, à Cette : bouchons.

CONDAUMINE, à Béziers : crins.

FAROUCH, à Montpellier : articles de coiffure.

TISSIÉ (Rose), à Fa (Aude) : dentelles.

CARTIER (Pauline), à Espéraza : dentelles.

Mentions honorables

LACABANE, à Montpellier : fleurs.

PAROUTON, à Marseille : meubles.

ANGUILLE (Pauline), à Espéraza : dentelles.

SPEZEL, (Cécile), *idem : idem.*

FERRIER (Brigitte), *idem : idem.*

HUGUES (Adélaïde), *idem : idem.*

SABATIER, (Cécile), *idem : idem.*

ROUBY, *idem : idem.*

MENIÉ (Célina), à Campagne : dentelles.

HISTOIRE NATURELLE

(ZOOLOGIE, MINÉRALOGIE, PALÉONTOLOGIE)

Médailles d'or

MM.

MINES DE PAILLIÈRES (Gard), M. SIMON, ingénieur, à Alais : minerais de sulfate de plomb argentifère, de cuivre et de zinc; produits métallurgiques.

GRAFF, ingénieur civil, à Grenoble: collection de fossiles et roches paléozoïques recueillies à Cabrières et à Neffiés (Hérault); recherche des gisements de cuivre.

MINES DE BESSÉGES (Gard): houilles et cokes (ingénieurs pour les deux Compagnies, MM. CHALMETON et LÉTAUD).

MINES DE LA GRAND'COMBE (Gard): houilles, rondins et briquettes (ingénieur, M. P.-J.-M. BEAU).

MINES DE GRAISSESSAC (Hérault). M. Prosper MOULINIER, directeur, a joint à l'envoi des houilles la collection des roches et végétaux fossiles du même bassin.

Médailles d'argent

BEAU (David), à Alais: antimoine (régule, crocus et verre).

CHABRIER, à Montpellier: belle collection entomologique.

DELAHAYE, dessinateur, à Paris: chromolithographie appliquée à l'histoire naturelle.

LUTRAND, pharmacien, à Montpellier : conservation des substances animales par le chloroforme et le sulfure de carbone.

JACOMY (R.) et Ce, à Prades (Pyr.-Orient.): fontes et acier des usines de Ria, auprès de Prades.

MM.

JEANJEAN, à St-Hippolyte (Gard): roches et fossiles des environs du Vigan.

REYNÈS, à Montpellier: choix d'ammonitidés des terrains néocomiens.

RICARD (Daniel) et Ce, à Alais (Gard): plomb argentifère de Carnoulès.

SANTELLI, à Castifao (Corse): roches et minerais de la Corse; fontes.

WESTPHAL-CASTELNAU, à Montpellier: choix de reptiles indigènes et exotiques, préparations anatomiques relatives à l'anatomie de ces animaux.

LAMALOU-LE-HAUT (M. FRANÇOIS, ingénieur; M. BOURDEL, docteur médecin): travaux de recherches faites à la nouvelle source.

MINES DE PORTES (Gard): houilles et cokes; représentant de la Compagnie, M. LEFÈVRE, à Nîmes.

Médailles de bronze

ARGELIEZ, à Rivière (Aveyron): coquilles fossiles des terrains jurassiques de l'Aveyron.

BALDY, à Clermont-l'Hérault: chaux, marbre liasique.

BATTUT, à Montpellier: oiseaux montés.

BERTRAND (Camille), à Montpellier: préparations d'anatomie comparée.

BLAY, à Saint-Jean-de-Thongues (Hérault): ossements fossiles d'Abeilhan (Hérault).

BOUTIN, à Ganges (Hérault): fossiles des environs de cette ville.

CUSSOL, à Armissan (Aude): plantes fossiles des marnes calcaires d'Armissan.

DAUBE, à Montpellier: choix d'insectes indigènes et exotiques.

GEPT, à Gabian (Hérault): plâtre de Gabian et huile de pétrole du même lieu.

LUNEL (GODEFROY), ancien préparateur à la Faculté des sciences de Montpellier: mammifères montés.

PUJADE, à Amélie-les-Bains (Pyrénées-Orientales): documents relatifs aux eaux minérales d'Amélie-les-Bains.

RAFFIN, à Corneillan (Gard): argiles pour terre de pipe.

MM.

ROBELIN, appariteur à la Faculté des sciences de Montpellier : crustacés préparés.

STAHL et FORMANT, employés au Muséum d'histoire naturelle, à Paris : imitation en cire d'animaux mollusques.

WOLSKY, à Auriol (Bouches-du-Rhône) : lignites du bassin d'Auriol et recherches géologiques relatives à ce bassin.

MINES DE SAINT-GENIÉS-DE-VARENSAL, près St-Gervais (Hérault) : houille anthraciteuse (M. Léopold Chabaud, ingénieur directeur).

Mentions honorables

MOITESSIER, à Montpellier : choix de coquilles senestres et scalaires tirées de sa collection.

TAILHADES, à Cesseras (Hérault) : ossements fossiles de la grotte d'Aldène, près Cesseras.

Rappel de mention honorable

De BONNE (Justin), à Toulouse : marbres et minerais de l'arrondissement de Saint-Pons (Hérault).

HORS CONCOURS

LA FACULTÉ DES SCIENCES DE MONTPELLIER.

MM. DOUMET, Emilien DUMAS, Paul GERVAIS et MARCEL DE SERRES.

BEAUX-ARTS

HORS CONCOURS

MM.

MATET, conservateur du Musée Fabre, à Montpellier, pour ses portraits, nos 167 à 173 du livret.

LAURENS aîné (J.-B.), à Montpellier, pour ses aquarelles, nos 523 à 530.

LOUBON, directeur du Musée de Marseille, pour ses tableaux, nos 159 et 160.

BOUCOIRAN, directeur de l'École de dessin et conservateur du Musée, à Nîmes, pour ses deux tableaux, nos 26 et 27.

RÉVOIL, architecte du gouvernement, à Nîmes, pour ses divers projets d'architecture et ses études archéologiques, nos 612 à 615.

EXPOSANTS DE LA RÉGION

Médailles d'or

MM. BAUSSAN (Auguste), à Montpellier. — Pour l'ensemble de ses travaux de sculpture et son médaillon-portrait en plâtre, n° 617.

FELON (Joseph), à Nîmes. — Pour l'ensemble de ses travaux de sculpture aux divers monuments de Nîmes, dont les dessins figurent à l'Exposition, nos 508 à 513, et pour ses autres ouvrages d'art, notamment pour une *Vierge-Mère*, n° 635, moulage de la figure principale du bas-relief de la porte centrale de l'église Sainte-Perpétue, à Nîmes.

DURANGEL (Léopold), de Marseille. — Pour son tableau : *Une Portéiris*, n° 99.

Médailles d'argent

PEINTURE

MM. MICHEL (Ernest-Barthélemy), de Montpellier. — Pour son tableau : *Saint Christophe portant l'Enfant Jésus*, nº 176.

MONSERET, à Montpellier.—Pour ses portraits en pied et autres, nºs 178 à 184.

PERROT (Adolphe), à Nîmes. — Pour ses deux portraits, nºs 203 et 204.

SALLES (Jules), vice-président de l'Académie du Gard, à Nîmes. — Pour trois tableaux de genre : le *Glas*, *Contadina*, *Perrette et le pot au lait*, nºs 248 à 250.

VILAR (Francisque), à Montpellier. —Deux tableaux : *Départ du village*, nº 268, et *Intérieur*, nº 269.

GUILBERT D'ANELLE (Charles-Michel), directeur des Écoles de peinture et de dessin, à Avignon. — Pour son tableau : *la Contemplation dangereuse*, nº 141.

CABANE (N.), de Montpellier. — Pour un tableau : *Intérieur*, nº 38 *bis*.

BRUN (Charles), de Montpellier. —Pour un tableau : la *Prière; environs de Constantine*, nº 36.

DOZE (Jean-Marie-Melchior), professeur au Lycée impérial, à Nîmes, et professeur adjoint à l'École de dessin de la même ville. — Pour un tableau : *Folle et Sage*, nº 94.

BOZE (Honoré), à Marseille. — Pour ses deux tableaux : *Promenade dans le bois* et *la Vie heureuse*, nºs 30 et 31.

SUCHET (Joseph), à Marseille. — Pour deux marines : le *Retour des pêcheurs* et *Brick entrant dans le vieux port de Marseille*, nºs 238 et 259.

SIMON (François), de Marseille. — Pour ses deux paysages et animaux : *Sous les pins, dans le vallon de Vaufrége*, et *Souvenir de San-Estefane*, nºs 256 et 257.

SAINT-ETIENNE (Franséric DE), de Montpellier. — Pour ses paysages, nºs 243 à 246, et ses eaux-fortes, nºs 593 à 597.

BALFOURIER (Paul-Emile), à Hyères. — Pour son paysage : *Caserne de la Douane, à Almunar* (Var), nº 10.

MM. GRÉZY (Prosper), à Avignon. — Pour son paysage : *Gorge près des bains de Montmirail* (Vaucluse), n° 134.

PONSON (Raphaël), à Marseille. — Marine, n° 211.

Mme PASTUREAU (Lucile), à Montpellier. — Pour une tête d'étude : *Enfants du peuple*, n° 189.

DESSINS, AQUARELLES, ETC.

MM. le frère SAMUEL, à Béziers. — Pour ses aquarelles : *Imitations des anciens maîtres de l'École allemande*, nos 573 à 575.

BISSET (Auguste), à Béziers. — Pour son aquarelle : *Intérieur de la chapelle des Frères de la doctrine chrétienne de Béziers*, n° 605.

Mme VIGUIER, née Laurens, de Montpellier. — Pour des aquarelles : *Fleurs*, nos 589 à 592.

M. LAURENS (Jules), de Carpentras (Vaucluse). — Rappel de médaille d'argent, à Paris, 1853. — Pour ses lithographies, nos 537 et 538.

SCULPTURE

MM. BOSC (Auguste), de Nîmes. — Pour son buste en marbre du colonel B., n° 628.

BÉNÉZECH (Prosper), de Montpellier. — Rappel de médaille d'or (2e classe), à Toulouse, 1858. — Pour sa statuette d'enfant en marbre, n° 622.

ARCHITECTURE

M. ARRIBAT (Pierre), inspecteur des édifices diocésains du département, et BESINÉ (Henri), architecte des arrondissements de Montpellier et de Lodève, *ex æquo*. — Pour leurs reproductions et restaurations d'anciens monuments historiques du département : *Monographie de l'Église abbatiale du Vignogoul*, nos 602, 603 ; *Monographie de l'Église de Saint-Martin-de-Londres*, n° 604.

M. GLAIZE (Charles-Jean), architecte à Montpellier. — Pour deux compositions qu'il a présentées : 1° *Projet de colonne commémorative du Concours régional de 1860*, 2° *Chapelle sépulcrale exécutée au cimetière Saint-Lazare*, n° 609 et 611.

Médailles de bronze

PEINTURE

MM. PAUTHE (Frédéric), à Béziers.—Pour son plafond de salle à manger, n° 191.

REBOUL (Baptiste), à Avignon. — Pour son tableau : *Petite fille aux grenades*, n° 228.

BOSC-DEVÈZE (Gustave), de Nîmes. — Pour son tableau : *Femme de pêcheur au bord de la mer*, n° 24.

BERT (Jacques), de Nîmes. — Pour son *Saint Antoine*, n° 18.

TRINQUIER (Antoine), de Montpellier. — Pour son tableau de nature morte, n° 260.

PRACHE (Honoré), à Carcassonne. — Pour ses tableaux de fruits, n° 217 *bis* et 217 *ter*.

GAMELIN (Jacques), conservateur du musée de Carcassonne. — Pour un paysage : *Vue de la Pierre-Lis, canton de Quillan (Aude)*, n° 114.

RICHAUD (Joseph), professeur de dessin au musée à Avignon. — Pour un *Intérieur, pris à Notre-Dame-des-Doms*, n° 218.

FAYET (Gabriel), à Béziers. — Pour un paysage : *Coucher de soleil à la Salvetat (Hérault)*, n° 105.

DESSIN

MM. MONSERET (Pascal), à Narbonne. — Pour un portrait au pastel, n° 547.

ALÈGRE (Léon), à Bagnols (Gard). — Pour ses fusains, n°s 457 à 459.

SCULPTURE

MM. PY (Lucain), à Montpellier. — Pour ses statues en plâtre : *Vercingetorix* et *Velleda*, nos 655 et 656.

TAILLEFER-VINCENT, à Montpellier. — Pour son *Projet de colonne commémorative du Concours régional de 1860*, n° 668 *bis*.

BOUDIN (Henri), à Avignon. — Pour une *Sainte Vierge*, statue en pierre, n° 630.

TABALLON (Jean-Pierre-Lucien), de la Seyne (Var), à Nîmes. — Pour ses sculptures sur bois, n° 665.

Mentions honorables

PEINTURE

MM. FONTAINIEU (Adolphe DE), de Marseille, pour un *Intérieur de prison*, n° 109.

FAJON (Pierre-Auguste), de Montpellier. — Pour son esquisse de paysage : *Environs de Carlencas (Hérault)*.

SIMIL (Louis), à Lunel. — Pour ses têtes d'étude : *Vieillards en prière*, n° 255.

DESSIN

MM. DAVID (Lubin), de Montpellier. — Pour un dessin au fusain : *Faust au Sabbat*, n° 501.

BRUN (César), de Montpellier. — Pour ses Études à la mine de plomb : *Environs de Montpellier — Lattes, Lavalette*, nos 484 et 485.

EXPOSANTS HORS DE LA RÉGION

M. PERRACHON (André), de Lyon. — Rappel de 2e médaille d'or, à Toulouse, 1858. — Pour ses tableaux de fleurs et de fruits, nos 196 à 202, et pour un fusain de nature morte, no 568.

Médailles d'argent

PEINTURE

MM. RAOULT (Diodore), de Grenoble. — Pour ses deux tableaux de genre : *les Saltimbanques* et *la Captive*, nos 225 et 226.

PELEGRY (Arsène), à Toulouse. — Pour ses trois tableaux : *Porte de ville à Cordes (Tarn)*, *le Torrent* et *la Lecture*, nos 192 à 194.

PONTHUS-CINIER, de Lyon. — Pour ses deux paysages : *le Pont de Claix (Isère)* et *Vallée d'Azergue (Isère)*, nos 213 et 214.

GÉLIBERT (Jules), de Bagnères-de-Bigorre. — Pour ses tableaux d'animaux : *Moutons au pacage*, no 115, et *Cheval et Chiens*, no 117 *bis*.

CASTAN (Gustave), à Genève. — Pour ses quatre paysages : *Entrée de la vallée de Chamouny et le mont Blanc*, *Un torrent dans les hautes Alpes, à la Handeck (Oberland)*; *Un intérieur de forêt en hiver*, *Un chemin à Crémieu (Isère) en automne*, nos 46 *à* 49.

MAISSIAT (Joanny), de Lyon. — Pour ses tableaux de fleurs et de fruits, nos 162 à 164.

Mlle PUYROCHE-WAGNER, de Lyon, pour son tableau : *Groupe de cactus dans un vase*, no 221.

DESSINS

MM. APPIAN (Adolphe), de Lyon. — Pour ses fusains : *Un sacrifice chez les druides*, *Un beau jour en décembre*, *Un chemin à Saint-Cyr*, *le Moulin*, nos 460 à 463.

VALETTE (Charles-Adrien), professeur de dessin au collége de Castres. — Pour un fusain : *Vue de Clermont-Ferrand*, prise des hauteurs de Royat, no 584.

SCULPTURE

MM. BLOT (Eugène), à Boulogne-sur-Mer. — Rappel de médaille d'argent : Bordeaux, 1858. — Pour ses statuettes en terre cuite : *Pêcheur et pêcheuse ayant des filets*, nos 625 et 626.

Mentions honorables

PEINTURE

M. HÉBERT (E.), de Paris. — Pour son tableau : *le Soir dans le bois*, n° 143.

Mlle GUIMARD (Louise DE), à Paris. — Pour son tableau : *Une esclave chrétienne*, n° 142.

MM. BELLET DU POIZAT (Pierre-Alfred), de Lyon. — Pour sa figure de *Marguerite à l'église*, n° 13.

LEGRAND (Alexandre), de Paris. — Pour une figure : *Rêverie*, n° 155.

MAGRATH (A.-G. DE), de Paris. — Pour son tableau : *la Couronne du Christ, le Roi de gloire vénéré à Notre-Dame de Paris*, n° 161 *bis*.

Mme RONNER (Henriette), à Bruxelles. — Pour ses tableaux : *Misère* et *Chien et pie*, nos 240 et 241.

MM. GERBAULET (J.), à Paris. — Pour ses tableaux de genre : *la Ménagère* et *Causeries*, nos 118 et 119.

MALAVAL (Louis), à Lyon. — Pour son *Atelier de serrurier*, n° 165.

LORTET (Leberecht), de Lyon. — Pour son paysage : *le Lac de Brientz*, n° 157.

MM. BERCHÈRE (Narcisse), à Paris. — Pour ses deux tableaux : *le Colosse de Memnon* et *Caravane en marche*, nos 16 et 17.

CHAUVEL (Théophile), à Paris. — Pour un paysage, n° 50.

HINTZ (Jules), de Hambourg. — Pour une marine : *Rade de Cherbourg*, n° 146.

SICARD (Apollinaire), de Lyon. — Pour ses tableaux de fleurs et de fruits, nos 251 et 252.

SCULPTURE

MM. FOURDRIN (N.), à Dieppe. — Pour ses statuettes en terre cuite, nos 639 à 647.

ROUÈDE (C.), à Toulouse. — Pour ouvrages modelés en plâtre et en terre cuite, nos 657 à 664.

MONTPELLIER. — IMPRIMERIE GRAS

www.ingramcontent.com/pod-product-compliance
Ingram Content Group UK Ltd.
Pitfield, Milton Keynes, MK11 3LW, UK
UKHW022132190726
13855UKWH00003B/1101